Max Emanuel

kleine bayerische biografien

herausgegeben von
Thomas Götz

MARCUS JUNKELMANN

Max Emanuel

Der »Blaue König«

Verlag Friedrich Pustet
Regensburg

kleine bayerische biografien

Biografien machen Vergangenheit lebendig: Keine andere literarische Gattung verbindet so anschaulich den Menschen mit seiner Zeit, das Besondere mit dem Allgemeinen, das Bedingte mit dem Bedingenden. So ist Lesen Lernen und Vergnügen zugleich.
Dafür sind gut 100 Seiten genug – also ein Wochenende, eine längere Bahnfahrt, zwei Nachmittage im Café. Wobei klein nicht leichtgewichtig heißt: Die Autoren sind Fachleute, die wissenschaftlich Fundiertes auch für den verständlich machen, der zwar allgemein interessiert, aber nicht speziell vorgebildet ist.
Bayern ist von nahezu einzigartiger Vielfalt: Seinen großen Geschichtslandschaften Altbayern, Franken und Schwaben eignen unverwechselbares Profil und historische Tiefenschärfe. Sie prägten ihre Menschen – und wurden geprägt durch die Männer und Frauen, um die es hier geht: Herrscher und Gelehrte, Politiker und Künstler, Geistliche und Unternehmer – und andere mehr.
Das wollen die KLEINEN BAYERISCHEN BIOGRAFIEN: bekannte Personen neu beleuchten, die unbekannten (wieder) entdecken – und alle zur Diskussion um eine zeitgemäße regionale Identität im Jahrhundert fortschreitender Globalisierung stellen. Eine Aufgabe mit Zukunft.

DR. THOMAS GÖTZ, Herausgeber der Buchreihe, geboren 1965, lehrt Neuere und Neueste Geschichte an der Universität Regensburg. Veröffentlichungen zu Stadt und Bürgertum in der Neuzeit.

Inhalt

1 Einleitung

Diese kleine Biographie bezeichnet Kurfürst Maximilian II. Emanuel oder, wie er in klangvoller und eindrucksvoller Abkürzung volkstümlich hieß und heißt und sich auch selbst zu nennen pflegte, »Max Emanuel« als den »Blauen König«. Denn die pedantische Korrektur zu einem »Blauen Kurfürsten«, die entgegen der Tradition seit wenigen Jahrzehnten üblich geworden ist, verfehlt das Träumerisch-Irreale, den unerfüllten Ehrgeiz und damit das Wesentliche an diesem Beinamen.

Nach seinem Großvater Maximilian I. war er unter Bayerns Kurfürsten und Königen der Herrscher mit der längsten Regierungszeit, 1679/1680 bis 1726, fast ein halbes Jahrhundert. Mehr als die Hälfte davon verbrachte Max Emanuel aber in fremden Ländern. In 22 Feldzügen stand er als aktiver Feldherr alljährlich mehrere Monate auf Kriegsschauplätzen in Österreich, Ungarn, Serbien, Italien, im Rheinland, in den Spanischen Niederlanden (dem heutigen Belgien) und – sehr kurz– auch in Bayern im Einsatz. 20 Jahre lang lebte er als Statthalter und als geächteter Flüchtling in den Spanischen Niederlanden und in Frankreich.

Überhaupt darf Max Emanuel als die internationalste Erscheinung unter allen Herrscherpersönlichkeiten der bayerischen Geschichte gelten. Er war dies nicht nur aufgrund seiner wittelsbachisch-savoyisch-habsburgisch-lothringisch-bourbonischen Abstammung, nicht nur aufgrund der um die Dominanz buhlenden kulturellen Strömungen aus Italien, Frankreich und den Niederlanden, in deren Schnittpunkt der Münchner Hof stand, nicht nur aufgrund des ganz Europa und auch schon weite Teile der außereuropäischen Welt umspannenden politischen und militärischen Kräftespiels im Zeitalter Ludwigs XIV., das den Handlungsrahmen des Kurfürsten bestimmte, sondern vor allem aufgrund seines eigenen Willens zur Größe. Der Zug zum Extremen, ja zum Gigantischen eignete dem ganzen Zeitalter; bei Max Emanuel nahm er geradezu manische Ausmaße an. Es ist nicht verwunderlich, daß ihm das ererbte Bayernland bald zu klein und zu eng erschien, daß er nach Vergrößerung, Aufwertung, Aufstieg um jeden Preis strebte. Er glaubte, dies sich und seinem Ruhm, vor allem aber der Zukunft seiner Dynastie schuldig zu sein.

Wenn auch Max Emanuel und sein Sohn Karl Albrecht, dem er in seinem politischen Testament das Streben nach Großmachtstellung als schicksalsschweres Erbe hinterließ, letztlich gescheitert sind, als Dirigent seines Nachruhms hat der »Blaue König« bemerkenswerten Erfolg: Im populären Geschichtsbild lebt er fort als Sieger von Belgrad und als Erbauer von Schleißheim und Nymphenburg, als kraftstrotzender und kunstsinniger Barockmensch und Vater des bayerischen Rokoko, nicht aber als der Verlierer von Höchstädt, als der tragisch scheiternde und sein Land ruinierende Abenteurer. Sein Bild in der Geschichtsschreibung ist naturgemäß ein sehr ambivalentes, viel Licht und auch viel Schatten – welches von beiden überwiegt, hängt von den Vorlieben und Abneigungen des jeweiligen Historikers ab.

Angesichts der ungeheuren Dramatik dieser langen Regierungszeit und des reichen kulturellen Erbes, das der Kurfürst hinterlassen hat, erscheint es kaum faßlich, daß ein umfassendes biographisches Standardwerk über Max Emanuel bis auf den heutigen Tag fehlt, ja, daß »der Versuch zu einer wissenschaftlichen Biographie im Grunde noch nicht einmal gemacht ist« (Hans Schmidt). Ich arbeite seit vielen Jahren an einer großen Biographie des Kurfürsten, die vor allem auch das imposante bildliche Vermächtnis der Epoche präsentieren soll. Ich hoffe, das Werk in den nächsten beiden Jahren abschließen zu können.

Am nächsten kommen der Erfüllung dieses Desiderats vorerst noch immer die Bände 7 und 8 von Sigmund von Riezlers »Geschichte Bayerns« aus den Jahren 1913 und 1914, die auf zusammen 1332 Seiten die gründlichste Darstellung der Regierungszeiten Ferdinand Marias und Max Emanuels leisten (siehe Literaturverzeichnis). Der relativ aktuellste Überblick über diese Epoche findet sich in den einschlägigen Beiträgen des 2. Bandes des von Andreas Kraus 1988 überarbeiteten »Handbuchs der Bayerischen Geschichte« von Max Spindler, vor allem Kraus' eigener Beitrag »Bayern im Zeitalter des Absolutismus«.

Das schönste und facettenreichste Werk ist zweifellos der monumentale von Hubert Glaser in zwei Bänden herausgegebene Katalog der Schleißheimer Ausstellung von 1976. Der Aufsatzband enthält zahlreiche Beiträge über die verschiedenen historischen und kunsthistorischen Aspekte der Herrschaft, im Katalogteil findet sich die bildliche Überlieferung opulent ausgebreitet.

Im selben Jahr – dem 250. Todesjahr Max Emanuels – erschien das umfangreiche Buch Ludwig Hüttls, das schon im Untertitel eine drastische Einschränkung des Themas auf eine »politische Biographie« ankündigte, was darauf hinauslief, daß der Autor sowohl die kunsthistorische als auch die militärgeschichtliche Perspektive so gut wie völlig unbeachtet ließ, obwohl diese ja keineswegs der politischen Dimension entbehren. Nimmt man noch die moralisierende Einseitigkeit der Darstellung hinzu, dann bleibt trotz der Fülle des herangezogenen Materials ein recht unbefriedigender Eindruck zurück. Wohl als bewußter Kontrapunkt zu Hüttl ist der kleine Band zu sehen, den Hans Rall und Gerhard Hojer 1979 herausgebracht haben und in dem penetrant apologetische Tendenzen überwiegen. Die Finanz- und Subsidienpolitik Max Emanuels und sein Verhältnis zu Frankreich hat ab 1967 Peter Claus Hartman in zahlreichen grundlegenden Untersuchungen dargestellt. Eine kritische Übersicht über die bis 1978 erschienene Max Emanuel-Literatur leistet der Aufsatz von Hans Schmidt aus diesem Jahr der – in wesentlich gekürzter Form – auch schon in dem Katalogwerk von 1976 erschienen war.

Unter den jüngsten Arbeiten mit breiterem, wenn auch nicht umfassendem Ansatz, ragen die Werke von Reginald de Schryver (1996) und Max Tillmann (2009) hervor, zur kriegerischen Seite der Persönlichkeit sei auf meine Arbeiten von 1979 und 2000 verwiesen. Wie allgemein in der Bearbeitung der Epoche von Barock und Absolutismus dominieren in den letzten beiden Jahrzehnten Studien zu bisher als vordergründig abgetanen Aspekten wie Funktion des fürstlichen Hofes, des Zeremoniells, der Repräsentation, der Festkultur, der Architektur, der Sammelpolitik, von Musik und Theater und der sich hierin ausdrükkenden Herrschaftsideologie. In all diesen Teilbereichen hat die Forschung große Fortschritte erzielt.

Anders als in meinen vorangegangenen Bänden in der Reihe der »kleinen bayerischen biographien« lege ich bei Max Emanuel den Schwerpunkt auf den narrativen Teil und nicht auf die systematischen Abhandlungen. Dies entspricht dem dramatischen Ablauf der Biographie des »Blauen Königs«, die sich in durchlaufenem Ductus einem großen Thema, einem Leitstern seines Lebens zuordnen läßt: dem Streben nach Ruhm und Größe für sich und vor allem für seine Dynastie. Der Glaube Max Emanuels an die Zukunft seines Hauses war trotz Enttäuschungen und Katastrophen unerschütterlich, sein Handeln bei allem Variantenreichtum der Ideen und Mittel beharrlich.

Daraus erwuchs eines der großen Dramen der bayerischen Geschichte, das der Herrschaft dieses Kurfürsten ihren ganz eigenen Charakter verleiht, der Politik, Kriegführung und Repräsentation miteinander vereint.

Trotz der Dominanz dieses Leitmotivs soll wieder ein möglichst facettenreiches Bild geboten werden, das den Protagonisten als Akteur im Welttheater seiner Zeit vorführt, im Zusammen- und Widerspiel mit seinen Zeitgenossen, die in Nebenbiographien vorgestellt werden, wo sich die zentrale Biographie auf vielfältige Weise spiegelt. Max Emanuel erscheint so nicht einfach als der einseitig Handelnde und Leidende, sondern als ein Spieler, der auf den verschiedensten Ebenen agiert und reagiert. Hauptakteur und Nebenakteure spielen sich auf diese Weise gewissermaßen die Bälle zu.

Ähnliches gilt für die Bebilderung, die nicht illustrierendes hübsches Beiwerk sein soll, die vielmehr gerade für diese sinnenfreudige Zeit eine unverzichtbare Hauptquelle darstellt. In den eingestreuten Zitaten sprechen die Zeitzeugen ganz unmittelbar zu uns. Freilich braucht es für das Verständnis interpretatorische Hilfestellung, was ganz besonders für die im Barockzeitalter allgegenwärtigen Allegorien gilt, die eine sehr spezifische Allgemeinbildung voraussetzen, die weitgehend verschwunden ist. Daher die oft recht ausführlichen Bildlegenden, die aus den Stichen und Gemälden eigenständige »Mitspieler« machen.

»Blauer König« oder »Blauer Kurfürst«?

»…ist der Trompeten-Schall so vieler ausgerufener Victorien weit über das türkische Istanbul nach Asien hineingedrungen und hat die Furcht vor dem Blauen Christlichen König, regierenden Herrn in Bayern, ihrer [der Türken] viele über das Schwarze Meer zurückgejagt und ihnen den Mut zum Streit benommen, als daß auch Asien von dieses Königs Landen informiert sein wollte, von dem Land den König und von dem König das Land schätzen zu können…« So heißt es in der Einleitung, welche die Landschaft Oberland 1701 dem ersten Band von Michael Wenings Historisch-Topographischer Beschreibung des »Churfürsten- und Hertzogthumbs« Bayern vorangestellt hat. Daß sich die Ständevertreter der Tatsache bewußt waren, daß ihr Herrscher kein König, sondern ein Kurfürst war, bedarf keiner Betonung und wird ja auch im Titel des Werks deutlich. Die Diskrepanz zwischen Beinamen und tatsächlichem Rang wird also bewußt gewählt, entspricht offensichtlich allgemein geübter und als bekannt vorausgesetzter Praxis und macht zum Gutteil den Reiz und den Sinn des Ehrennamens aus. Man sah hierin eine inoffizielle, spontane, aber umsomehr einer höheren Wirklichkeit entsprechende, da durch eigene große Taten verdiente Rangerhöhung des ruhmreichen Türkensiegers, die zugleich eine Aufwertung seines Landes bedeutete. Das entsprach bestens dem Selbstgefühl des Geehrten, der sich die von Vater und Großvater ererbte Hausideologie des dynastischen Aufstiegs ganz und gar zu eigen gemacht hatte, mit allen Mitteln nach einer Königskrone strebte und in seinen Schloßbauten unverhohlen königliche, ja kaiserliche Ansprüche verkündete. Dieser verzehrende, letztlich vergebliche Ehrgeiz fügte für spätere Generationen dem Beinamen noch eine weitere Bedeutungsebene hinzu, das unerfüllte Verlangen, das tragische Scheitern, den Gegensatz von Traum und Wirklichkeit. Dies geht alles verloren, wenn man mit schulmeisterlicher Pedanterie aus dem »Blauen König« einen »Blauen Kurfürsten« macht, wie das, dem bisherigen Gebrauch entgegen, üblich geworden ist, seit sich 1976 Ludwig Hüttl, dem jede »Degradierung« seines »Helden« willkommen war, im Untertitel seiner »politischen Biographie« für die Kurfürsten-Version entschieden hat.

Dem »Blauen König« dürfte das türkische *»Mavi Kral«* zugrunde liegen, mit dem Max Emanuel wegen seines oft getragenen blauen Rocks von seinen Gegnern bezeichnet worden sein soll. *»Kral«*, das sich letztlich von Karl dem Großen herleitet, ist ein aus dem Slawischen stammendes türkisches Lehnwort, das in der Tat »König« zu bedeuten pflegt, doch kann es auch für andere hochrangige abendländische Fürsten verwendet werden. Da sich die türkische Führung über die unterschiedlichen Ränge der europäischen Monarchen einigermaßen im Klaren war, kann die Bezeichnung im Fall Max Emanuels durchaus im Sinn von »Kurfürst« gemeint gewesen sein, da man für diesen Rang über kein eigenes türkisches Wort verfügte. So wurde Markgraf Ludwig Wilhelm von Baden, der »Türken-Louis« auch der »Rote König« genannt, was die Annahme bestätigt, daß es den Türken nicht um die präzise Wiedergabe eines deutschen Fürstenranges ging. So gibt der Orientalist Hans Georg Majer, der dem Thema 1975 einen eigenen Aufsatz gewidmet hat, dem traditionellen »Blauen König« den Vorzug, denn ausschlaggebend sei, »daß bei aller Unschärfe der Ausdruck Wohlklang hat und trifft. Er vermag Max Emanuel anders, passender zu charakterisieren als ein phantasielos nüchterner bayerischer Kurfürst.« Sehr viel schärfer hat Andreas Kraus in seiner Rezension von Hüttls Werk Stellung bezogen: »Das türkische Wort ›kral‹ heißt weder das eine noch das andere, am wenigsten sinnvoll ist aber die Übersetzung ›Kurfürst‹. Von welchem anderen Kurfürsten wollten ihn denn die Türken unterscheiden? Das Wort ›kral‹ ist außerdem viel älter als ›Kurfürst‹, dieses kann also gar nicht gemeint sein, sondern bestenfalls ein machtvoller abendländischer Fürst – warum nicht König?«

Es ist gewiß kein Zufall, daß Max Emanuel, Ludwig von Baden und Prinz Eugen ihre bis heute geläufigen Beinamen von ihrem Engagement im Türkenkrieg bezogen haben und von ihrem mindestens ebenso bedeutenden Einsatz im Spanischen Erbfolgekrieg – »Blauer König«, »Türken-Louis« und »Edler Ritter«. Der Kampf gegen die Ungläubigen war populärer und phantasieanregender als der gegen die europäischen Mitchristen und er profitierte vom heroischen Glanz der Kreuzritterzeit. In diese quasimythologische Sphäre fügt sich ein »König« sehr viel besser ein als ein »Kurfürst«. Bei einem volkstümlichen Beinamen möchte ich die im Land herausgebildete Tradition für entscheidend halten, zumal diese, wie wir eingangs gesehen haben, in unserem Fall tatsächlich auf die Zeitgenossen der Ereignisse zurückgeht. Besserwisserische, am Wesen der Sache vorbeigehende Korrekturen sind hier fehl am Platze.

EIN EXEMPLARISCHER BAROCKFÜRST

Einer der Punkte, in denen sich die Historiker bei der Beurteilung Max Emanuels einig sind, die abfällig wie die wohlwollend Urteilenden, ist seine Charakterisierung als typischer, geradezu exemplarischer Barockherrscher, als perfekte Verkörperung seines Zeitalters. Diese Eigenheit wird herangezogen zur Erklärung seiner Ruhmesgier und seines dynastischen Ehrgeizes, seines Repräsentationsbedürfnisses und seiner Verschwendungssucht. Ausgangspunkt pflegt der enorme Schuldenberg von 26 Millionen Gulden zu sein, den der Kurfürst hinterlassen hat und der etwa das Sechsfache der jährlichen Staatseinkünfte betrug. Dieser war zustande gekommen durch die militärische Überanstrengung in drei großen Kriegen, die zehnjährige Ausbeutung des Landes durch die kaiserliche Besatzungsmacht, durch die aufwendige Hofhaltung und die mit dieser zusammenhängenden grandiosen Bau- und Sammeltätigkeit des Kurfürsten, schließlich durch seine chaotische Finanzverwaltung. Wenn Max Emanuel in großem Gegensatz stand zu seinem von ihm sehr bewunderten und als leuchtendes Vorbild betrachteten

Großvater Maximilian I., dann war es sein leichtsinniger Umgang mit den Finanzen. Nimmt man noch die unverhohlene eheliche Untreue und Maitressenwirtschaft Max Emanuels hinzu, dann ist es nicht allzu verwunderlich, daß er vielen Historikern, ganz besonders denen des bürgerlichen 19. Jahrhunderts, in erster Linie als Gegenstand der Moralkritik gedient hat. Hier kommt aber als mildernder Umstand die Tatsache ins Spiel, daß viele der angeblichen und wirklichen Schwächen und Fehler Max Emanuels dem zeittypischen Verhalten absolutistischer Fürsten entsprachen, manche geradezu aus allgemein akzeptierten Sachzwängen resultierten. Der Aufbau eines respektgebietenden stehenden Heeres und der Unterhalt eines aufwendigen Hofstaates gehörten zu den Grundlagen absolutistischer Politik und somit des werdenden modernen Militär-, Steuer- und Verwaltungsstaates, sie sind untrennbar mit der Dynamik dieser Entwicklung verbundene Erscheinungen. Wie neuere Untersuchungen gezeigt haben, stellte der höfische Aufwand ein durchaus »rationales politisches Imponiergehabe« dar und diente durch die »suggestive Funktion des akkumulierten Prestiges« der Machtgewinnung und der Machtsicherung gegenüber den eigenen Untertanen, insbesondere dem Adel, wie gegenüber potentiellen äußeren Verbündeten und Gegnern (Jürgen von Kruedener). Soziales und politisches Prestige hingen nicht zuletzt vom demonstrativen Konsum ab. Dieses die höfische Gesellschaft durchdringende »Statusverbraucherethos zwang zu einer Ausgabenpolitik, die nicht in erster Linie von den Einnahmen, sondern von Status und Rang bzw. dem Anspruch darauf abhängig war«, was durch die, gemessen an den neuen Aufgaben, völlig unzureichenden regulären Fundamente der staatlichen Finanzen noch verschärft wurde. »Die Tendenz zu einer Eskalation der Verschuldung und schließlich zum Ruin war dementsprechend bei Angehörigen dieser Gesellschaft sehr groß« (Norbert Elias).

Man darf also Max Emanuel nicht diese zeittypischen Eigenschaften zum Vorwurf machen, allenfalls die übersteigerte und zum Teil irrational-undisziplinierte. Ausformung, die sie in seiner Person gefunden haben. Durch sein Verhalten geht ein einheitlicher Grundzug, »das Dasein, soweit es in der eigenen Macht steht, so zu gestalten, daß Höhepunkt auf Höhepunkt, Erfüllung auf Erfüllung folgt. Die Verfügung über Menschen und Mittel, die Feldzüge, Belagerungen und Schlachten, die Feste, Planung und Ausführung von Schlössern und Gärten, Kauf von Möbeln, Teppichen, Gemälden, Festlegung von Programmen, Zeremoniell, Liebesspiel – bei Max Emanuel handelt es sich primär nicht um absichtsvoll eingesetzte Mittel, um Politik, sondern zuerst um Genuss... Ein solches Temperament, begabt zur Darstellung seiner selbst, zur Figurierung des Fürsten in großer Umgebung, macht – mag es auch politisch scheitern – Eindruck auf die Zeitgenossen und auf die Nachwelt« (Hubert Glaser). Es ist daher nicht erstaunlich, daß Max Emanuel immer wieder als der »Prototyp des bayerischen Barockfürsten in Licht- und Schattenseiten« (Karl Bosl) gekennzeichnet wird, als eine jener Erscheinungen, »in denen sich der Charakter einer Epoche am deutlichsten ausprägt« (Siegmund von Riezler).

Hier dürfen wir freilich nicht übersehen, daß der Barock nicht nur ein Zeitalter der rauschenden Sinnesfreude und des Lebensgenusses war, sondern auch eine Epoche, die auf die Furcht und die Schrecken des Todes und der Hölle geradezu manisch fixiert war, und die bekamen Max Emanuels Bayern ja auch im Übermaß zu spüren. Wie der Kurfürst seiner eifersüchtigen Gemahlin Theresia Kunigunde aus dem Feldlager schrieb, als sie gerade wieder ein Bündel nicht an sie gerichteter Liebesbriefe entdeckt hatte, bewahrte er unter seinem Bett einen Totenschädel auf, in dessen Anblick er sich als reuiger Sünder vertiefte. Und am Ende seiner Tage läßt er sich im Nymphenburger Schloßpark eine der büßenden Magdalena geweihte Klause bauen. Gewiß steckte in alledem auch der Hang des Barock zum Theaterspiel, doch schloß das eine immer wieder leidenschaftlich durchbrechende tiefe Religiosität keineswegs aus.

Die Gleichsetzung Max Emanuels mit dem Höhepunkt des bayerischen Barock, einer Epoche, mit der sich das Land zu identifizieren pflegt wie mit keiner zweiten, verlagert das Gewicht der Betrachtung von der überwiegend negativ bewerteten Rolle, die der Politiker Max Emanuel wegen seiner letztendlichen Glücklosigkeit gespielt hat – im Erfolgsfall wäre das Verdikt der

Historiker natürlich ganz anders ausgefallen –in den Bereich seiner kulturellen Leistungen, die sehr viel mehr Gnade vor den Augen der Nachwelt gefunden haben. Freilich lassen sich im konkreten Fall die politisch-militärischen und die künstlerisch-kulturellen Aspekte im Tun Max Emanuels nicht fein säuberlich voneinander trennen, sie durchdringen sich gegenseitig in der Art eines Gesamtkunstwerks, das dem Ruhm des Blauen Königs vor Zeitgenossen und Nachwelt zu dienen hatte.

Mit dem Wort »Ruhm«, mit »gloria«, »gloire«, ist ein Schlüsselbegriff der Epoche genannt: Max Emanuel hat das Wesen seiner Zeit in vollendeter, ja übersteigerter Weise verkörpert. Dies muss als Einschränkung berücksichtigt werden, wenn man den Kurfürsten als einen Menschen des unreflektierten momentanen Genusses charakterisiert. Er ist das zweifellos in hohem Maß gewesen. Doch ausschlaggebend war der Durst nach Ruhm und, damit verbunden, das Verantwortungsbewußtsein gegenüber der Größe seines Hauses. Hierfür hat er außerordentliche Zielstrebigkeit, Hartnäckigkeit und auch Leidensfähigkeit bewiesen. Denn wäre es ihm nur um Genuß gegangen, dann hätte er sich sehr viele Mühsale, Risiken und Tragödien sparen können. Mehr noch als die persönliche Selbsterfüllung, als Genuß und Beifall der Zeitgenossen ist mit diesem Streben nach Ruhm das Bild gemeint, das Max Emanuel der Nachwelt hinterlassen wollte. Die bleibende Monumentalisierung seines und seiner Dynastie Ruhms sollten seine Schlösser sein. Damit hatte er glänzenden Erfolg.

EIN PRINZ, EIN SCHIFF, EINE KIRCHE, EIN SCHLOSS UND EIN CHURBAYERISCHES FREUDENFEST

Die Geburt keines zweiten bayerischen Prinzen wurde mit solcher Freude und solchem Pomp gefeiert wie die von Maximilian Emanuel Ludwig Maria Joseph Kajetan Antonius Nikolaus Franziskus Ignatius Felix, besser bekannt als Max Emanuel, der am 11. Juli 1662 in der Münchner Residenz das Licht der Welt erblickte. Den ersten Namen hatte er von seinem Großvater Maximilian I., Bayerns erstem Kurfürst, dem der Enkel Zeit seines Lebens als Mehrer des Hauses Wittelsbach nachzueifern bemüht war. Der zweite Name, Emanuel, kam aus der Familie seiner Mutter, der kapriziösen und ehrgeizigen Henriette Adelaide (Adelheid) von Savoyen. Der Grund für den außergewöhnlichen Enthusiasmus, mit dem der kleine Max Emanuel empfangen wurde, lag darin, daß die Ehe seiner Eltern seit zehn Jahren ohne männlichen Erben geblieben war. Endlich war nun die Gefahr beseitigt, die bayerische Linie des Hauses Wittelsbach würde aussterben. Der Vater, der bedächtige, fast phlegmatische Kurfürst Ferdinand Maria, ließ sich durch die Geburt des Erben zu einer Reihe geradezu extravaganter Freudenkundgebungen hinreißen. Vor allem mußte Gott und seinen Heiligen gedankt werden. In München wurde am 29. April 1663 in Einlösung eines in Altötting eingegangenen Gelübdes der Grundstein für die Kirche St. Kajetan gelegt, später bekannt als »Theatinerkirche«. Henriette Adelaide hatte die vom Hl. Kajetan (Graf Caetano di Thiene) 1524 gegründeten Theatiner als Gegengewicht zu den bisher in Bayern dominierenden Jesuiten nach München geholt. Sie war keineswegs gewillt, ihre Kirche von einem einheimischen Architekten erbauen zu lassen, denn diese seien »zu idiotisch, um einen Bau von dieser Bedeutung zu errichten«.

Entwurf für das Hochaltarbild der Münchner Theatinerkirche mit Darstellung der kurfürstlichen Familie. Ölgemälde von Antonio Zanchi, Venedig 1673. ▶

Das Bild zerfällt in drei Ebenen. Die göttliche Gnade, die den Bayerischen Wittelsbachern endlich die Geburt des Stammhalters gewährt, geht von der Heiligen Dreifaltigkeit ganz oben aus und wird in der Mittelzone von der Hl.Adelheid, der Namenspatronin der Kurfürstin, und dem Hl. Kajetan, dem Gründer des Theatinerordens und Patron der neuen Kirche, nach München vermittelt – links unten die Türme der Frauenkirche.
In der Mitte der unteren Zone knien Ferdinand Maria und Henriette Adelaide, der letzteren zu Füßen der kleine Max Emanuel im hermelingeschmückten Mantel und seine ältere Schwester Maria Anna Christina, künftige Dauphine von Frankreich. Rechts davon kniet die Erzieherin Felicitas Gräfin Wolkenstein mit den jüngeren Geschwistern Violante Beatrix, künftige Großprinzessin der Toskana, und Joseph Clemens, künftiger Kurfürst und Erzbischof von Köln. Links sehen wir den Leibarzt der Kurfürstin Ferdinand Baron Simeoni. Ganz unten in der Mitte tragen Pagen den Kurhut und ein Modell der Theatinerkirche heran. Die Ausführung des Gemäldes ist 1944 verbrannt.

Die kurbayerische Lustflotte mit dem Flaggschiff Bucentaur auf dem Starnberger See (damals »Würmsee«). Kupferstich Michael Wenings aus seiner »Historico-Topographica Descriptio« des Rentamts München (1701).

Der weiß-blau-bemalte und golden dekorierte Bucentaur, den Ferdinand Maria anläßlich der Geburt Max Emanuels 1663 in Auftrag gab und der 1758 abgewrackt wurde, war 34 m lang, 8,5 m breit und 6 m hoch, war mit 16 kleinen Kanonen bestückt und wurde von zwei Segeln und 80 Ruderern angetrieben. Neben dem Flaggschiff sind links vorne das »Kammerschiff«, rechts die »Rote Halbe Galeere«, davor ein Küchen- und ein Kellerschiff abgebildet. Im Hintergund Schloß Starnberg.

Noch im Geburtsjahr Max Emanuels berief sie den Bologneser Theatiner Agostino Barelli nach München, der sich in seinen Plänen an der römischen Mutterkirche des Ordens S. Andrea della Valle orientierte. Nachdem Barelli wegen Streitigkeiten mit dem als Architekt dilettierenden Beichtvater der Kurfürstin nach Italien zurückgegangen war, übernahm der Graubündener Enrico Zuccalli den Bau und brachte ihn 1684 mit Ausnahme der Fassade zum Abschluß.

Barelli war nicht nur wegen des Baus der Theatinerkirche nach München berufen worden, sondern er sollte sich auch eines »Lusthauses« annehmen, das sich die Kurfürstin ab 1664 in der Schwaige Kemnat errichtete, die sie samt dem Gut Obermenzing von ihrem Gatten als »Belohnung« für die Geburt des Stammhalters geschenkt bekommen hatte. Sie gab der Villa den Namen »Borgo delle Ninfe«, Keimzelle der gewaltigen Schloß- und Gartenanlage Nymphenburg, die später ihr Sohn aus dem bescheidenen Schlößchen Henriette Adelaides machen sollte.

Ferner ließ der Kurfürst eine imposante Prunkgaleere auf Kiel legen, die dem berühmten Staatsschiff der venezianischen Dogen, dem Bucintoro, nachempfunden war, woraus in Bayern

ein »Bucentaur« wurde, der ab dem Sommer 1663 auf dem Starnberger See kreuzte, – eine Sensation für ganz Europa. Letzteres galt auch für das dreiteilige Freudenfest, das unter dem Namen »Applausi« vom 26. September bis 1. Oktober 1662 anlässlich der Taufe Max Emanuels abgehalten wurde und das Maßstäbe setzte, an denen man sich selbst in Wien und Versailles orientierte. Das Fest, mit durchgehend mythologischer Handlung angelegt, bestand aus einer Oper, die im 1654 eröffneten Opernhaus am Salvatorplatz aufgeführt wurde, einem »Turnier« im neuen Turnierhaus an der Westseite des Hofgartens und einem Feuerwerksdrama samt Seeschlacht auf einem Seitenarm der Isar. Die gewaltigen Kulissen, in Höhe von 23 m, waren auf mehreren Flößen aufgebaut. Der Libretto der Trilogie erschien im Druck, die Bühnenbilder und Freilichtszenarien und die Figuren des Turnierfestzuges gab man den Bänden als Kupferstiche bei, so daß das kurbayerische Freudenfest in ganz Europa bekannt gemacht wurde.

»Die kaiserliche Krone ist unserem Herrn Vater angetragen worden, welchen es sein Leben lang gereut, solche nicht acceptiert zu haben. So Euer Liebden vielleicht nicht wissen werden; ich aber habe seine eigenhändigen Manuscripta gelesen, welche ich nach seinem Ableben in seinem Kabinett gefunden.«

Max Emanuel an seinen Bruder Kurfürst Joseph Clemens von Köln, 1712

2 Glänzendes Debut

Max Emanuels lange Laufbahn zerfällt in mehrere, durch Zäsuren deutlich voneinander getrennte Phasen, so daß der Vergleich mit den Akten eines Dramas nahe liegt. Sie tragen zudem deutlich das Gepräge von Aufstieg, Krise und Fall, Glück und Unglück, Sieg und Niederlage und lösen sich schließlich auf in einem Schlussakkord sich im Bauen, im Kunstsammeln, in Musik und Theater sublimierender, von Hoffnungsstrahlen durchzogener Resignation. Der erste Akt, das Debut, hätte nicht effektvoller und glänzender sein können. Wie ein barocker Theaterheld in blitzender Rüstung unter Pauken- und Trompetenschall, Kanonendonner und Waffengeklirr betritt der junge Kurfürst die Weltbühne.

ZUR GRÖSSE BESTIMMT – DIE ERZIEHUNG

Der dominierende Elternteil war zweifellos die Mutter, die den schwermütigen und trägen Ferdinand Maria in jeder Beziehung ausstach. Der Einfluß Henriette Adelaides auf den ihr im Temperament deutlich nachschlagenden Kurprinzen war daher ungleich prägender als der des wenig bewunderten Vaters. So war es auch vor allem Henriette Adelaide, die sich die Heranbildung ihres Sohnes zu einer perfekten Herrscherpersönlichkeit nach savoyischem und französischem Muster vornahm. Die Kurfürstin hatte einen Richtungswechsel in der bisher strengen Hofkultur herbeigeführt. So schockierte sie die Gesellschaft, indem sie nach Turiner Sitte persönlich auf offener Bühne Ballett tanzte. Das Vorbild fiel auf fruchtbaren Boden. Beim Karneval 1669 gab der fünfjährige Max Emanuel seinen ersten Ballettauftritt in der Rolle des Amor. Er sollte sein Leben lang ein hervorragender und unermüdlicher Tänzer bleiben. Ebenso schlug er – in diesem Falle beiden Elternteilen – in seiner Begeisterung für die Musik nach. Er lernte Gesang, Orgel, Cembalo, Flöte und Viola da Gamba. Letztere avancierte zu seinem Lieblingsinstrument, auf dem er es zu anerkannter Meisterschaft brachte. Der berühmte Soprankastrat Filippo Dionisio Balatri war 1715 vom Charme und vom Musikverstand des Kurfürsten hingerissen

Porträt des vierjährigen Max Emanuel.

Das von Jean Sauvé gestochene Brustbildnis stellt einen spiegelverkehrten Ausschnitt aus dem ganzfigurigen Doppelportrait dar, das der damals in München wirkende Venezianer Sebastiano Bombelli 1666 von Max Emanuel und seiner älteren Schwester Maria Anna Christina gemalt hat.

und stellte fest, dieser sei in Fragen der Musik »più professore che dilettante« – »mehr ein Professor als ein Dilettant«.

Henriette Adelaide sorgte auch dafür, daß die Spielgefährten des Kurprinzen vornehmlich savoyardische Adelige waren. Italienisch wurde so zu seiner Primärsprache. Da aber am Hof auch viel Deutsch gesprochen wurde, wuchs Max Emanuel zweisprachig auf, wobei auf die Verfeinerung des Deutschen geringerer Wert gelegt wurde, da es die Sprache war, in der man vor allem mit den einfacheren Leuten und dem mehr hausbackenen Teil des Adels verkehrte. Gute Lateinkenntnisse zu erwerben war eine Selbstverständlichkeit, wenngleich die vertiefte humanistische Bildung eines Maximilian I. nicht mehr das verbindliche Ideal darstellte und die Prinzen auch nicht mehr auf die Universität geschickt wurden. Zur vorherrschenden internationalen Sprache außerhalb der wissenschaftlichen und kirchlichen Bereiche hatte sich in der zweiten Hälfte des 17. Jahrhunderts das Französische entwickelt. Auch hierin wurde Max Emanuel schon früh unterrichtet. Französisch wurde schließlich zur normalen Sprache in der sich der Kurfürst privat wie öffentlich, schriftlich wie mündlich ausdrückte.

Außer in Sprachen wurde der Kurprinz in Religion, Geschichte – und hier standen neben den Taten der Vorfahren die der großen Helden des Altertums im Vordergrund – in Kriegskunst, Rechts- und Staatswissenschaft, Kameralien (Wirtschaft und Verwaltung), Philosophie, Physik, Mathematik, Geographie und im Zeremonialwesen unterwiesen, wobei als Lehrer geistliche und weltliche Fachleute zum Einsatz kamen, darunter auch führende Mitglieder der kurfürstlichen Regierung. Auch eine handwerkliche Ausbildung durfte nicht fehlen. Max Emanuel erlernte, wie schon Großvater und Vater, die Drechselkunst in Holz und Elfenbein.

Großer Wert wurde auf die körperlichen Übungen gelegt, Reiten, Fechten, Schwimmen, Schießen, Tanzen. Die athletische Kondition Max Emanuels und sein körperlicher Aktivismus werden immer wieder betont. Er entwickelte sich zu einem ausgesprochenen Freiluftmenschen, der die Stadtresidenzen nach Möglichkeit mied und den es auf seine Landschlösser und in seine Jagdreviere zog.

Die Erzieher waren bestrebt, Max Emanuel einen freundlichen, ja lockeren und leutseligen Umgang mit Menschen aller Gesellschaftsschichten anzugewöhnen, ohne sich jedoch seiner fürstlichen Würde zu beheben. Wie in vielen anderen Erziehungszielen entsprach das Resultat sehr gut den Erwartungen, was auch mit einer entsprechenden Disposition des Zöglings zusammenhing. Unprätentiöse doch elegante und formvollendete Manieren sowie ein gewinnendes Wesen gegenüber jedermann werden Max Emanuel selbst von seinen härtesten Kritikern zugebilligt.

Noch weitere Wesenszüge traten bereits im Knabenalter hervor, darunter auch einige nicht ganz unbedenkliche. So zeigte Max Emanuel schon früh eine ausgeprägte Neigung für das schöne Geschlecht. Einer von ihm verehrten Hofdame deutete er einmal an, ihr etwas ins Ohr flüstern zu wollen, und als sie sich herabbeugte, küßte er sie heftig ab. Reichsvizekanzler Graf Königsegg, der sich 1672/1673 am kurfürstlichen Hof aufhielt, berichtete von einem signifikanten Vorgang. Um ihn an den richtigen Umgang mit Geld zu gewöhnen, gab man dem Neunjährigen kleine Summen, »weil der Kurprinz das schöne Geld, so ihm verehrt worden, behalten wollte, so hat ihm Frau Kurfürstin zu verstehen gegeben, einem Fürsten gebühre die Freigebigkeit und nicht das Geld in die Kästen zu legen, was der Prinz anjetzt befolgt.« Die Lernfähigkeit war gerade in diesem Punkt nur zu gut entwickelt, denn schon bald wies der Etat des Kurprinzen 219 Gulden Einnahmen und 524 Ausgaben auf.

Mit dem Jahr 1674 setzte eine Reihe von Schicksalsschlägen ein, die der Jugend des Heranwachsenden ein frühzeitiges Ende bereiteten. Bei einem Großbrand in der Münchner Residenz entrannen der Kurprinz und seine Geschwister nur knapp dem Tod. Die Mutter scheint sich dabei ein Leiden zugezogen zu haben, an dem sie zwei Jahre später, noch nicht vierzigjährig, starb. Der Vater verschied drei Jahre später im Alter von 43 Jahren. Da Max Emanuel zu diesem Zeitpunkt noch nicht ganz 17 Jahre alt war, übernahm bis zu seiner Volljährigkeit ein Vormund als Administrator die Regierung. Dieser war der jüngere Bruder Ferdinand Marias, Herzog Maximilian Philipp von Bayern, Landgraf von Leuchtenberg, Herr von Schwabegg und Türkheim (1638-1705), der in München in der nach ihm benannten Maxburg residierte.

»Der 1662 um 2 Uhr morgens geborene Prinz ist eine vollkommene Schönheit, groß für sein Alter und sehr gut proportioniert, von exzellenter Konstitution, von Natur aus maßvoll; das macht ihn geeignet für alle körperlichen Übungen, die seiner Geburt entsprechen, und er bringt es in ihnen zu perfektem Erfolg. Er tanzt mit einer Grazie, einer Ungezwungenheit und einer Genauigkeit, die seine Lehrer nicht genug loben können; ebenso verhält es sich mit den Waffenübungen, für die er eine schöne Neigung hat, und er sitzt schon mit einer Festigkeit auf dem Pferd, wie es der strengste Reitlehrer nur wünschen kann. Von den körperlichen Qualitäten gehe ich über zu denen des Geistes, die so beschaffen sind, daß man sie denen seiner glücklichen Physiognomie entsprechend einschätzt, ganz und gar schön, gut, großmütig und ausgerichtet auf Tugend und Wissen, worin er täglich höchst beachtliche Fortschritte erzielt. Man sieht an ihm nichts von der Unbeherrschtheit der Jugend, er ist stets zurück-

haltend und klug, höflich zu aller Welt, gehorsam seinen Erziehern, für die er die größte Ehrerbietung zeigt. Die lateinische Sprache ist ihm schon geläufig, er hat gute Kenntnisse in Geschichte und Geographie und verursacht seinen Lehrern keinen Verdruß, vielmehr bewundern sie ständig sein glückliches Genie und seine große Lebhaftigkeit.«

Der französische Reiseschriftsteller Samuel Chappuzeau über Max Emanuel 1673 in einem Bericht über seinen Besuch am bayerischen Hof im Jahr zuvor

Das Haus Wittelsbach

Max Emanuel war Angehöriger einer alten, weit verzweigten, durchaus nicht immer einig auftretenden Dynastie. Schon im 14. Jahrhundert hatte sich das Haus Wittelsbach in die bayerische und die pfälzische Linie aufgespalten, eine Trennung, die durch die Reformation noch vertieft wurde, indem das Land der Bayerischen Wittelsbacher als einziges großes weltliches Fürstentum geschlossen katholisch blieb, während die Pfälzer sich dem Protestantismus zuwandten. Das änderte sich im Lauf des 17. Jahrhunderts, indem die zum Katholizismus konvertierte Linie Pfalz-Neuburg das Erbe der aussterbenden kurpfälzischen Linie antrat. Die Konkurrenz zwischen Bayern und Pfalz blieb aber bestehen.

Ein besonderer Aspekt war die Reichskirchenpolitik. Ihre Kirchentreue hatte den Bayerischen Wittelsbachern die kräftige Unterstützung des Papstes eingetragen. Die ermöglichte ihnen wichtige Bischofssitze für die nachgeborenen Söhne des Hauses zu sichern, eine Politik, der sich Max Emanuel mit besonders großem Nachdruck widmen sollte. Da die Bischofssitze im Deutschen Reich mit weltlichen Machtpositionen verbunden waren (»Fürstbischöfe«) erfuhr die Stellung des Hauses hierdurch eine erhebliche Stärkung. So gelang es der bayerischen Linie, von 1583 bis 1761 in ununterbrochener Reihe alle Bischöfe des Erzstifts Köln zu stellen, was umso wertvoller war, als der Kölner Erzbischof einer der sieben (ab 1648 acht, ab 1692 neun) Kurfürsten war, die das Recht der Kaiserwahl ausübten.

Im Jahr 1700 befanden sich in der Hand der Bayerischen Wittelsbacher das Kurfürstentum Bayern einschließlich Oberpfalz (915.000 Einwohner), das Kurfürstentum Köln (230.000 Einwohner), das Hochstift Lüttich (240.000 Einwohner), das Hochstift Hildesheim (80.000 Einwohner), um nur die wichtigsten zu nennen. Das Kurfürstentum Pfalz einschließlich der niederrheinischen Besitzungen (Jülich und Berg) hatte 530.000 Einwohner.

Zum Selbstbewußtsein und zur machtpolitischen Motivation einer Dynastie gehörte vor allem aber auch der Rückgriff auf Geschichte und Mythos. Alter des Hauses, Berühmtheit und Rang der Vorfahren waren Ansporn und Rechtfertigung, die überlieferten Positionen zu verteidigen bzw. zurückzugewinnen. Die Hofhistoriker sämtlicher Dynastien ersannen Stammbäume, die zumindest in die Völkerwanderungszeit zurückreichten, wenn nicht bis auf die Caesaren und die Helden des Trojanischen Krieges.

Auch die Wittelsbacher, die einstigen Grafen von Scheyern, die ja in der Tat eines der ältesten noch regierenden Häuser Europas waren, glaubten nur zu gern ihren Historiographen, daß sich ihre Dynastie auf Karl den Großen zurückführen lasse und daß Bayern einst unter den Agilolfingern, von denen man natürlich gleichfalls abstammte, ein großes Königreich gewesen sei, welches man später vieler Gebiete beraubt und um den ihm zustehenden Rang betrogen habe. Dazu kam das große Vorbild Kaiser Ludwigs des Bayern, dessen Regierung das Haus Wittelsbach zweifellos in den Rang einer kaiserlichen Dynastie erhob, die mit Recht den Habsburgern das höchste Amt im Reich streitig machen durfte. Eine solche Hausideologie war bestens geeignet, den Tatendrang eines familienstolzen und ehrgeizigen Fürsten wie Max Emanuel anzufeuern.

Das ererbte Land

Bayern bestand zur Zeit Max Emanuels aus dem alten Herzogtum, das man grob mit dem heutigen Ober- und Niederbayern einschließlich des 1779 an Österreich gefallenen Gebiets am unteren Innlauf, dem Innviertel, gleichsetzen kann, und der 1621/1623 von Maximilian I. den Pfälzischen Wittelsbachern abgenommenen Oberpfalz, die ein wenig wie ein erobertes Gebiet behandelt wurde und außerhalb der landständischen Ordnung und der Rentamtsgliederung stand. Dieses Bayern war in vier Rentamtsbezirke eingeteilt, benannt nach ihren jeweiligen Hauptstädten: München, Burghausen, Landshut und Straubing. Der Rentamtsbezirk München, der größte und bevölkertste, wurde auch als Oberland bezeichnet, die drei anderen bildeten das Unterland. Die Gesamtfläche belief sich einschließlich der Oberpfalz auf 41.580 km^2. Die Bevölkerung hatte sich noch nicht ganz von der Dezimierung durch den Dreißigjährigen Krieg erholt. Sie dürfte bei Max Emanuels Regierungsantritt bei etwas über 900.000 Einwohnern gelegen sein. (Vergleich: Die habsburgischen Erblande hatten 19 Mill., Frankreich 20.)

Bayern war ein überwiegend agrarisches Land, kaum mehr als 20 % der Menschen lebten in Städten und Märkten. Großstädtischen Charakter wies nur München auf, das sich unter Max Emanuel von einer noch spätgotisch geprägten Bürgerstadt zu einer barocken Residenzstadt mit vielen Adelspalais entwickelte. 1717 zählte die Metropole 4.782 Herdstätten in 1.309 Häusern mit ca. 28.000 Einwohnern. Die nächstgrößeren Städte waren Landshut mit 9.000, Ingolstadt mit 6.500 und Straubing mit 4.500 Einwohnern. Zum Vergleich: Die Reichsstädte Augsburg und Regensburg hatten 21.000 bzw. 15.000 Einwohner, Brüssel 80.000, Paris 510.000.

Wie die Bevölkerung war auch die Ökonomie agrarisch orientiert, die Landwirtschaft erzeugte etwa 80 % des

Sozialprodukts. Die Erträge des Getreideanbaus gingen in der Regierungszeit Max Emanuels stark zurück, was einen steilen Anstieg der Preise zur Folge hatte. Ursache war ein extrem kaltes Klima (»Kleine Eiszeit«). Gute Einnahmen erzielte der Staat aus dem wohlentwickelten Brauereiwesen, besonders dem landesherrlichen Weißbiermonopol. Der Bestand an Bodenschätzen war nicht sehr bedeutend. Lukrativ war das Monopol auf Gewinnung und Vertrieb des Reichenhaller Salzes. Unter Ferdinand Maria und Max Emanuel bemühte man sich, die Tuch- und Lederherstellung wiederzubeleben und zu einem staatlichen Monopol zu machen. 1690 wurde in München eine große Tuchmanufaktur gegründet, nicht nur zur Belebung der Wirtschaft, sondern auch zur zwangsweisen Arbeitsbeschaffung und Sozialdisziplinierung von Bettlern und anderen »unproduktiven Elementen«. Beide Kurfürsten folgten zeittypisch merkantilistischen Tendenzen und versuchten durch staatlich protegierte Manufakturgründungen und landwirtschaftliche Sonderkulturen wie Seidenraupenzucht und Tabakanbau – bei gleichzeitiger Aussperrung ausländischer Konkurrenz – möglichst hohe Unabhängigkeit und eine aktive Handelsbilanz zu erzielen.

Phantasiereiche Projektmacher traten auf, die große Hoffnungen erwecken, aber nur selten erfüllen konnten. Herausragend war der Pionierunternehmer Johann Senser, der mit beträchtlichem Erfolg die Verbrauchssteuer auf den ständig steigenden Tabakkonsum in Eigenregie kassierte, wovon der Staat einen fixen Anteil erhielt. Senser initiierte auch ein Kommerzkollegium, das 1689 bis 1699 existierte und neuen wirtschaftlichen Unternehmungen aller Art helfen sollte. Vielfache Widerstände und Verdächtigungen und eine staatliche Untersuchung machten dem Kollegium ein Ende.

Ein bayerisches Bankensystem existierte nicht. Man bediente sich Augsburger Institutionen, im internationalen Handel vor allem italienischer, holländischer und Schweizer

Finanzunternehmer. Jüdische Geschäftsleute waren Kreditgeber und Lieferanten von Luxus- und Militärbedarf. Obwohl seit 1550 ohne Aufenthaltsgenehmigung in Bayern, durften sich unter Max Emanuel einzelne unter Hofschutz gestellte jüdische Familien in München niederlassen.

Eine Leibeigenschaft mit Schollenbildung gab es in Bayern nicht.

In der politischen Organisation des Landes ist zwischen der ständischen Volksvertretung, der sogenannten Landschaft, und dem kurfürstlichen Verwaltungsapparat zu unterscheiden. Die absolutistische Regierungspraxis verfolgte systematisch die Politik, die Privilegien der Stände zu reduzieren und die Kontrolle durch die Stände zu umgehen oder zu unterdrücken, um einen zentralistischen, rational gelenkten Verwaltungsstaat zu schaffen. Doch muß man hier Ideal und Wirklichkeit unterscheiden. Eine absolutistische Monarchie war keine totalitäre Diktatur in modernem Sinn, sondern mußte innerhalb des traditionellen Rechtsrahmens bleiben, wollte sie sich nicht ihrer eigenen Legitimation berauben. Weder der Musterstaat Ludwigs XIV. noch ein deutscher Fürstenstaat wie Bayern, zudem eingeschränkt durch das übergeordnete Reichsrecht, war in der Lage, die regionalen und ständischen Sonderrechte zu beseitigen. Man versuchte, sich möglichst viele Finanzierungsmöglichkeiten zu erschließen, die der Kontrolle durch die Ständevertretung entzogen waren, und eine Verwaltung aufzubauen, unabhängig von den Ständen.

Wichtigstes Mittel zur Stärkung der fürstlichen Macht war das neue stehende Heer. Die Existenz einer starken Armee schuf finanzielle und administrative Sachzwänge und offerierte das fürstliche Gewaltmonopol, was der monarchischen Staatsspitze ein Übergewicht gegenüber der meist uneinigen Ständevertretung verlieh.

Als Ferdinand Maria 1669 einen Landtag, die klassische Plattform der Ständemitbestimmung einberief, war dies das erste Mal seit 50 Jahren und das letzte Mal für den

Rest der ganzen Kurfürstenzeit. Der Kontakt zwischen Regierung und Landschaft ging auf die sog. Landschaftsverordnung über, acht Vertreter des Adels, vier des Prälatenstandes und vier Bürgerliche (Bürgermeister). Die Zahl der Abgeordneten war stets durch vier teilbar, so daß die vier Rentämter gleichmäßig repräsentiert waren.
Die Bauernschaft und die übrige Agrarbevölkerung sowie die städtischen Unterschichten, also der weitaus größere Teil der Bevölkerung, waren nicht vertreten.
Die einzige, aber sehr wichtige Kompetenz der Landschaftsverordnung war die Steuerbewilligung und damit die Beteiligung an der Schuldentilgung.
Die regulären Staatseinkünfte beliefen sich um 1680 auf jährlich 3,5 Millionen Gulden, in späteren Jahren auf 3,8 - 4,4 Millionen. Etwa 28% der bayerischen Einnahmen bestanden in der vom Landschaftausschuß zu genehmigenden, aber von der unterständischen ländlichen Bevölkerung zu bezahlenden Landsteuer (Vermögens- und Ertragssteuer). Die von den eigentlich steuerfreien (»gefreiten«) Ständen selbst erbrachte Standsteuer machte nur 4 – 5 % aus. Insgesamt betrug der Anteil der direkten Steuern knapp 40 %. Die übrigen Steuern und Abgaben – indirekte Steuern (Aufschläge), Zölle, Mauten etc. – sowie die Einnahmen aus dem landesherrlichen Grundbesitz (Kammergut) und den Staatsbetrieben, insgesamt 60%, waren der ständischen Kontrolle entzogen und wurden von den kurfürstlichen Behörden direkt verwaltet.
Weil viele Bereiche, die heute einen Großteil der Staatsmittel beanspruchen, vor allem das Sozialwesen, damals nicht Sache des Staates, sondern kirchlicher, kommunaler und privater Institutionen waren, fielen an Ausgaben nur die Armee, der Hof, die Beamtenschaft und – mit Einschränkungen – das Verkehrswesen in die finanzielle Zuständigkeit des Staats, gerade die Bedürfnisse, die den Geldbedarf rasch expandieren ließen. Jeder Erhöhung der Steuern war durch den Widerstand der Stände und die begrenzte Leistungsfähigkeit des Landes Grenzen ge-

setzt. Es mußten andere Wege gefunden werden, so der o. g. Verkauf kurfürstlicher Besitzungen. Eine willkommene, doch von außenpolitischen Verhältnissen abhängige Hilfestellung waren Subsidienzahlungen verbündeter Mächte. Durch Gelder vom Kapitalmarkt und die entsprechende Schuldenabwälzung auf die Landschaft konnten kurzfrisitg immer wieder die wachsenden Staatsausgaben bestritten werden.

Die Verwaltung stützte sich zum einen auf die erwähnten vier Rentämter, Mittelbehörden, mit teils juristischen (Landgerichte), teils administrativen (Pflegämter) Aufgaben. Sie trieben die Abgaben ein und leiteten die direkten Steuern an die Landschaftsverordnung, die indirekten an die Hofkammer. Außerdem waren sie für die öffentliche Ordnung und die Kontrolle der kommunalen Funktionsträger zuständig. Die Hofkammer kümmerte sich um die Einnahmen aus dem kurfürstlichen Grundbesitz und den Staatsbetrieben; sie galt als oberstes Organ des Finanzwesens.

Der Hofrat, aus dem die meisten Spezialbehörden hervorgegangen waren, fungierte, unterstützt vom Revisorium, als oberste Rechtsprechungsinstanz. Der Geistliche Rat wachte über die staatskirchlichen Belange. Der Hofkriegsrat war für den Unterhalt der Armee sowie Disziplinarangelegenheiten zuständig.

Die eigentliche Regierungstätigkeit lag beim Geheimen Rat, einer Art Oberministerium, der unter dem Vorsitz des Kurfürsten, in seiner Abwesenheit unter der des Oberhofmeisters tagte.

Max Emanuels Führungsstil war ausgesprochen »persönlich«, was die Entscheidungskompetenz seiner Beamten sehr einschränkte. Selbst bei Kleinigkeiten behielt er sich das letzte Wort vor. Gegen Korruption und Amtsmißbrauch wurde eingeschritten. So nahm 1698 auf Geheiß Max Emanuels eine »geheime Kommission zur Untersuchung der vorwaltenden Justiz- und Kameralgebrechen« die Arbeit auf, vom Kurfürsten ermahnt, ohne Rücksicht auf Personen vorzugehen. Insgesamt hat aber die kurbayerische Beamtenschaft unter oft widrigen Bedingungen ihre Aufgaben erfüllt und den Staat auch bei langer Abwesenheit des Landesherrn am Laufen gehalten.

Das Herzogtum, ab 1623 Kurfürstentum Bayern, war als Teil des Heiligen Römischen Reiches Deutscher Nation ein halbsouveräner Staat, nach Brandenburg-Preußen der zweitgrößte Flächenstaat im Reich. Das Reich war in zehn Reichskreise gegliedert, welche die Exekutivorgane des Reiches bildeten, zuständig für die Durchsetzung der Beschlüsse des Reichstages, die Erhebung der Reichssteuern, Wahrung des Landfriedens, das Münzwesen und die Aufstellung der aus unterschiedlich großen Kontingenten zusammengesetzten Reichsarmee. Kurbayern gehörte zum Bayerischen Reichskreis. Es besaß als weitaus größter und zudem »armierter« Kreisstand ein klares Übergewicht im Reichskreis.

Ein »armierter« Reichsstand verfügte über das Reichskontingent hinaus über eine unabhängige eigene Armee. Viele Armierte standen loyal zum Reich und seinen Traditionen und versuchten ernsthaft, ihre eigenen Interessen mit denen der großen Gemeinschaft in Einklang zu bringen und eine Allianz mit dem Kaiser und seinen Verbündeten einzugehen. Umgekehrt sahen sich die großen Reichsstände nach Unterstützung von außen um, sobald sie aus dem Korsett der Reichsordnung ausbrechen wollten. Wir werden sehen, wie Max Emanuel nacheinander von beiden Optionen Gebrauch zu machen suchte, zuerst als getreuer Gefolgsmann des Kaisers und eifriger Verfechter der Reichsrechte, dann aber als offener Gegner und im Bündnis mit dem Frankreich Ludwigs XIV. Leitmotiv war in jedem Fall die Verfolgung der Interessen seiner Dynastie.

In Anbetracht der Tatsache, daß seine Administration keine 15 Monate dauern würde, führte Maximilian Philipp seine Regentschaft sehr vorsichtig und vermied einseitige Festlegungen. Persönlich war der reichstreue und überaus fromme Herzog kein Anhänger der frankreichfreundlichen Politik Ferdinand Marias und seines Kanzlers Caspar von Schmid und tendierte mehr zur kaiserlichen Seite.

Maximilian Philipp brachte aber die von dem verstorbenen Kurfürsten in die Wege geleitete Vermählung der älteren Schwester Max Emanuels, Maria Anna Christine Victoria, mit dem Dauphin zum Abschluß.

Diese eheliche Verbindung konnte allerdings das Zerbrechen der französisch-bayerischen Allianz nicht aufhalten. Gerade im Jahr der Eheschließung (1680) begann Ludwig XIV. mit seinen Reunionen, einer scheinrechtlich begründeten Annexionspolitik, mit der er zahlreiche Gebiete im Elsaß und in der Pfalz an sich brachte, 1681 sogar die Reichsstadt Straßburg. Die Reunionen kosteten Frankreich fast alle Sympathien im Reich, auch Max Emanuel zeigte sich empört und war entschlossen, der von Maximilian Philipp behutsam vorgegebenen Linie einer Annäherung an den Kaiser zu folgen.

Am 11. Juli 1680 wurde Max Emanuel 18 Jahre alt und damit volljährig. Er konnte nun selbst in aller Form die Regierung übernehmen. Die Belehnung durch den Kaiser am 28. Juni 1681 war reine Formsache. Bereits Anfang März dieses Jahres war Kaiser Leopold I. nach Altötting gekommen und hatte dort den jungen Kurfürsten getroffen, dem er einen juwelengeschmückten Degen überreichte. Max Emanuel gelobte, die Waffe nur im Dienste des Kaisers zu ziehen. 20 Jahre lang hielt er dieses Gelübde, aber 1702 sollte er die Waffe gegen eben diesen Kaiser wenden.

Feuerwerk anläßlich des Regierungsantritts Max Emanuels am 11. Juli 1680. Kupferstich Michael Wenings nach einem Entwurf des Oberfeuerwerkmeisters Christoph Helle, München 1680.

Helle, der zwischen ca. 1660 und 1701 als Pyrotechniker am kurbayerischen Hof engagiert war, hatte das Feuerwerk selbst konzipiert. Es wurde am Abend des 11. Juli vor dem Neuhauser Tor (heute Karlstor) abgebrannt. Die Kulisse stellt das Kurfürstentum allegorisch in Gestalt eines halbkreisförmigen Gebäudes dar, in dessen Mitte ein Tempel steht, in dem Bavaria und der bayerische Löwe die beiden Symbole der bayerischen Kurwürde, den Kurhut und den Reichsapfel, auf dem Altar niederlegen. Das Gebäude flankieren zwei mächtige kurhutbekrönte Löwen, die je zwei Säulen halten, auf denen sich die Wappen der vier Rentämter (Regierungsbezirke) befinden, von links nach rechts Burghausen, München, Landshut und Straubing. In den Nischen stehen vierzehn weitere Löwen, die bayerische Städte verkörpern. Darüber thronen in den Wolken die Olympischen Götter.

DER KANZLER: FRANZ CASPAR VON SCHMID, AB 1688 FREIHERR VON HASLBACH UND PIERNBACH (1622–1693)

Der bedeutendste bayerische Staatsmann in der 2. Hälfte des 17. Jahrhunderts war der als Sohn eines pfalz-neuburgischen Beamten in der Oberpfalz geborene Caspar von Schmid. Er wurde im Münchner Jesuitengymnasium erzogen und studierte in Ingolstadt Jura. Ferdinand Maria berief ihn 1656 in den kurfürstlichen Geheimen Rat, beförderte ihn 1662 zum Vizekanzler und praktisch leitenden Minister, 1677 zum Kanzler. Caspar von Schmid war außenpolitisch für die Friedenspolitik des Kurfürsten wie auch für die Wendung zu Frankreich verantwortlich. Innenpolitisch bestimmte er gleichfalls die Leitlinien – Stärkung der fürstlichen Macht zulasten der Stände, Sanierung der Finanzen, Beschneidung des Grunderwerbs der Prälatenklöster auf Kosten des Adels, bauernfreundliche Reformen. Er erarbeitete ein Oberpfälzer Landrecht und einen Kommentar zum Gesetzbuch Maximilians I., ferner schuf er in einer Reihe von Traktaten eine Art bayerische Staatsideologie, die großen Einfluß auf Max Emanuel haben sollte. Er versuchte, das alte Anrecht Bayerns auf den Rang eines Königreichs zu beweisen, sowie Besitzrechte auf verschiedene Nachbargebiete, insbesondere Tirol, und Erbansprüche des Hauses Wittelsbach gegenüber den Österreichischen Habsburgern zu begründen. Ferner vertrat er eine radikal absolutistische Position, indem er dem Fürsten das Recht zubilligte, die seiner Ansicht nach widerrufbaren Privilegien der Stände zu beseitigen. Als nach dem Tod Ferdinand Marias Bayern zum Bündnis mit dem Kaiser überging, schwächte dies den Einfluß des Kanzlers. 1683 wurde der frankreichfreundliche Staatsmann schließlich auf Druck Wiens von Max Emanuel entlassen. Der junge Kurfürst ehrte Schmid jedoch, indem er ihn 1688 in den Freiherrenstand erhob. Er bekannte später, dem ehemaligen Kanzler viel zu verdanken. Schmids Sohn Franz Kaspar (1658–1721) nahm als Pfleger von Aibling aktiven Anteil am antikaiserlichen Aufstand von 1705. Er verfaßte 1711 den »*Mundus Christiano Bavaro Politicus*«, eine verherrlichende Analyse des absolutistischen Fürstenstaates.

DER MINISTER: CORBINIAN PRIELMAIR, FREIHERR VON PRIEL (1643–1707)

Prielmair wurde als Sohn eines Schrannenknechts in Erding geboren. Priester bemerkten die große Begabung des Kindes. Prielmair absolvierte das Münchner Jesuitengymnasium, wo er intensive Förderung erhielt und frühzeitig in Kontakt mit dem Hof kam. 1662 trat er in die Geheime Kanzlei ein. Er errang das Vertrauen von Vizekanzler Caspar von Schmid und leitete unter diesem die bayerische Neutralitätspolitik. Max Emanuel machte ihn 1683 zum kurfürstlichen Rat und Geheimsekretär, der Kaiser erhob ihn 1685 in den Adels- und 1694 in den Freiherrnstand. Seit 1692 Wirklicher Geheimer Rat, ging er dem Kurfürsten in diesem Jahr nach Brüssel voraus, um die Übernahme der Statthalterschaft vorzubereiten. Er vertrat 1697 Bayern auf dem Friedenskongreß von Rijswijk und wurde 1698 Hofkammerpräsident. Er riet seinem Herrn erfolgreich von der Annahme der polnischen Königskrone ab, erfolglos dagegen vom Bündnis mit Frankreich und dem Eintritt in den Spanischen Erbfolgekrieg. 1701 kehrte er mit Max Emanuel nach Bayern zurück und organisierte als Direktor der Kriegskanzlei und leitender Minister bis 1704 die bayerischen Kriegsanstrengungen. 1705 folgte er dem Kurfürsten erneut in die Niederlande, wo er zwei Jahre später starb. Prielmair war ein großer Förderer der Orden, vor allem der Benediktiner, und zeigte reges soziales Engagement. In den Niederlanden erwarb er eine bedeutende Kunstsammlung. Sein Sohn Franz Bernhard (1668–1733) war Kastner des Rentamts Burghausen und spielte als Kriegskommissar der Landesdefension Unterland eine prominente Rolle in der Erhebung von 1705/1706.

DAS BÜNDNIS MIT HABSBURG

Zwar hatten Ferdinand Maria und sein Kanzler Schmid es vermieden, offen auf der Seite Frankreichs in die Kriege einzugreifen, die Ludwig XIV. in den 1660er und 1670er Jahren führte, doch hatte der Kurfürst eine Frankreich begünstigende Neutralitätspolitik betrieben, die ihm Versailles mit stattlichen Subsidienzahlungen honorierte. Noch 1658 hatte er darauf verzichtet, sich um die Kaiserkrone zu bemühen, was damals mit Frankreichs Unterstützung ein durchaus aussichtsvolles Unterfangen gewesen wäre, und hatte dem Habsburger Leopold I. das Feld überlassen. Henriette Adelaide und später sein Sohn haben ihm das nie verziehen und Ferdinand Maria selbst sollte es bereuen, nachdem die Habsburger die Gegenleistungen, die sie versprochen hatten, größtenteils nicht erbrachten. Als mit der Geburt Max Emanuels 1662 der Hauptgrund entfiel, der den Kurfürsten 1658 gehindert hatte, sich zur Kaiserwahl zu stellen, nämlich der Mangel eines Erben und damit einer dynastischen Perspektive, rückte langfristig wieder die Aussicht auf ein wittelsbachisches Kaisertum ins Gesichtsfeld, zumal zu diesem Zeitpunkt beide Zweige des Hauses Habsburg, der österreichische wie der spanische, ohne männliche Nachkommen waren. Die spektakulären Festlichkeiten bei der Taufe Max Emanuels (s. o.) müssen nicht zuletzt vor diesem Hintergrund gesehen werden.

Die Zukunftsvision, die Wittelsbacher könnten die im Mannesstamm aussterbenden Habsburger beerben, zerplatzte 1678, als Leopolds I. dritte Gemahlin, die Pfalz-Neuburgerin Eleonore Magdalena, den späteren Kaiser Joseph I. gebar. Von nun an konzentrierten sich die bayerisch-wittelsbachischen Ambitionen auf den anstehenden spanischen Erbfall. Den Weg zum spanischen Erbe konnte eine Ehe mit Maria Antonia, Tochter des Kaisers aus seiner ersten Ehe mit Margarete Theresia von Spanien, bereiten. Die Hoffnung auf diese eheliche Verbindung setzte aber eine Umorientierung der bayerischen Politik im kaiserfreundlichen Sinn voraus. Die Empörung über die Aggressionen Ludwigs XIV. an der Westgrenze des Reiches tat ein Übriges, den jungen Kurfürsten den Habsburgern in die Arme zu treiben.

Ende 1681 begann Max Emanuel kräftig aufzurüsten. Die Maßnahme war eindeutig gegen Frankreich gerichtet. Nachdem schon im Februar 1682 eine allgemein gehaltene Defensivallianz mit dem Kaiser geschlossen worden war, kam es am 26. Januar/2. Februar 1683 zu einem Bündnis, in dem sich Max Emanuel verpflichtete, zusätzlich zum bayerischen Reichskontingent in den nächsten fünf Jahren 5.000 Mann Infanterie und 3.000 Reiter an der Seite der Kaiserlichen ins Feld zu stellen, wofür er 250.000 Gulden Subsidien pro Jahr erhalten sollte, im Kriegsfall 450.000. Der Systemwechsel wurde im März mit der Entlassung des frankreichfreundlichen Kanzlers von Schmid vollendet.

Im Frühjahr 1683 besuchte Max Emanuel erstmals Wien und wohnte bei Preßburg einer Musterung der kaiserlichen Armee bei. Der Schauplatz war nicht zufällig gewählt, denn inzwischen drohte die Hauptkriegsgefahr nicht mehr aus dem Westen, sondern aus dem Osten. Eine riesige osmanische Streitmacht war von Belgrad her im Anmarsch auf die österreichischen Erblande. Der Großwesir Kara Mustafa hatte siebenbürgisch-ungarisch-habsburgische Querelen zum Anlaß genommen, den 1664 geschlossenen Frieden aufzukündigen und eine entscheidungssuchende Großoffensive gegen Wien zu unternehmen. Angesichts der türkischen Bedrohung schrumpften die französischen Aggressionen im Westen zu zweitrangigen »Neckereien«, zumal Ludwig XIV. sich in den nächsten Monaten in christlicher Solidarität übte und Ruhe hielt. Sollte der türkische Angriff auf Wien Erfolg haben, dann würde Bayern zum unmittelbaren Frontstaat und schwebte in akuter Gefahr, gleichfalls überrannt zu werden.

Der osmanische Angriff ließ in Europa eine Kreuzzugsstimmung aufkommen, der sich auch Max Emanuel, der ohnehin einer militärischen Bewährung entgegenfieberte, nicht entziehen konnte. Nirgends war größerer, allgemein anerkannter Ruhm zu gewinnen als im Kampf gegen die Ungläubigen. Und schließlich versprach die entschlossene Hilfestellung für den bedrängten Kaiser Belohnung und politischen Gewinn. So war es 63 Jahre zuvor auch der Fall gewesen, als Maximilian I. die Habsburger in der böhmischen Krise rettete und dafür die Oberpfalz und den Kurhut erhielt, eine Parallele, auf welche die bayerische Propaganda unermüdlich hinwies. Das Hauptziel war die nun fest ins Auge gefasste Heirat mit der Kaisertochter Maria Antonia. Ohne den aktiven Einsatz im Türkenkrieg wäre diese wichtige Heirat schwerlich zustandegekommen und Max Emanuel wäre der Vorstoß ins Feld der großen europäischen Politik verwehrt geblieben. So aber wurde mit dem Marsch auf Wien ein Weg beschritten, der den Kurfürsten nach Brüssel und sogar fast nach Madrid, dann aber in die Katastrophe von Höchstädt führen sollte, um schließlich am Ausgangspunkt, in München, zu enden. Reichisches und christliches Verantwortungsbewußtsein, das brennende Verlangen nach Kriegsruhm und politisches Kalkül wirkten zusammen, daß Max Emanuel dem Hilferuf des Anfang Juli nach Linz und schließlich nach Passau fliehenden Kaisers folgte.

EINE UNGLÜCKLICHE, DOCH VIELVERHEISSENDE EHE: DIE ERSTE GEMAHLIN, ERZHERZOGIN MARIA ANTONIA VON ÖSTERREICH (1669-1692)

Im Frühjahr 1684 hielt Max Emanuel erstmals um die Hand der Kaisertochter Maria Antonia an, die mit 15 Jahren im heiratsfähigen Alter war. Nach zähen Verhandlungen konnte am 15. Juni 1685 in Wien Hochzeit gefeiert werden. Wie in der Frage des selbständigen Armeekommandos sah sich Leopold I. durch die Tatsache unter Druck gesetzt, daß er dem Kurfürsten entgegenkommen mußte, wollte er weiter auf die bayerische Unterstützung gegen die Türken zählen. Trotz diesem Sachzwang war der Kaiser nicht bereit, größere Zugeständnisse in der Frage des spanischen Erbes zu machen, das er dem Haus Habsburg möglichst ungeschmälert erhalten wollte (s. Span. Erbe).

Er übte daher massiven Druck auf das Paar aus, einen Erbverzicht zu seinen Gunsten zu unterschreiben, was dieses schließlich auch tat. Ausgenommen wurden, um Max Emanuel nicht jedes Interesse an der Ehe zu nehmen, die Spanischen Niederlande, die Maria Antonia und ihren Nachkommen im Erbfall zugestanden wurden. Leopold versprach seinem Schwiegersohn, ihm baldmöglich die Statthalterschaft in den Niederlanden zu verschaffen.

Diese Regelung hatte zwei entscheidende Schwächen: Sowohl der Erbverzicht Maria Antonias als auch das Herauslösen der Niederlande aus dem Gesamterbe waren nur möglich mit dem Einverständnis des spanischen Königs Karl II. und des spanischen Staatsrats. Damit war aber nicht zu rechnen, da Spanien eisern an der Vererbung in der direktesten – also der sich nun eröffnenden bayerischen – Linie und an der Unteilbarkeit des Reiches festhielt. Die vom Kaiser erzwungenen Abmachungen besaßen somit keine Gültigkeit.

Die für Max Emanuel enttäuschende und letztlich zu ganz unklaren Ergebnissen führende Feilscherei um die Heiratskonditionen war eine Belastung für eine Ehe zwischen Partnern, die ohnehin wenig Zuneigung füreinander besaßen. Eine der wenigen Gemeinsamkeiten bestand in der Spielleidenschaft der Eheleute und der aus ihr resultierenden Schuldenmacherei.

Max Emanuel und sein Hofstaat auf der Reiherjagd / Gemälde von Giovanni Battista Curlando, München um 1690 (Ausschnitt).

Das monumentale Bild (371x631cm) gehört zu einem Zyklus von Jagdgemälden, die der aus Turin angereiste Künstler für den Großen Saal des Jagdschlosses Lustheim bei Schleißheim schuf. In der Mitte sehen wir den Kurfürsten auf courbettierendem Pferd quer vor der Front seines Gefolges reiten. Unmittelbar links von ihm ist seine erste Frau Maria Antonia dargestellt, Tochter Kaiser Leopolds I., den Max Emanuel im Winter 1690 im gerade fertiggestellten Lustheim empfing.

Vom Betrachter aus links neben Maria Antonia reitet Max Emanuels Bruder Joseph Clemens, Kurfürst und Erzbischof von Köln, das juwelenbesetzte Kreuz auf dem blauen Rock.

Der lebenslustige Kurfürst setzte schon bald ohne jede Zurückhaltung seine Maitressenwirtschaft fort und brüskierte seine spröde und überaus fromme Frau und ihre Familie. Favoritin war Gräfin Kaunitz, die schöne und geistreiche Gemahlin des österreichischen Gesandten in München. Hinzu kam der tragische Umstand, daß die beiden in den ersten Ehejahren geborenen Kinder bald nach der Geburt starben. Erst 1692, kurz vor ihrem Tod, brachte die Kurfürstin einen überlebenden Sohn zur Welt.

So trüb die eheliche Realität war, die Verbindung mit dem Haus Habsburg und die Aussicht auf die Statthalterschaft steigerten Max Emanuels Repräsentationsbedürfnis. Das hatten schon die Hochzeitsfeierlichkeiten in München gezeigt. Das Ehepaar zog am 9. Oktober 1685 durch Triumphpforten in die Hauptstadt ein. Das große Fest, dessen Höhepunkte die Opern »*Servio Tullio*« und »*Ascanio*« im Salvatortheater und das Turnier »*Erote e Anterote*« im Turnierhaus waren, fand erst im Januar und Februar 1686 statt. Der Aufwand, der hierbei getrieben wurde, war so gewaltig, daß manche Beobachter fürchteten, die Einsatzfähigkeit der bayerischen Armee im nächsten Feldzug werde unter den finanziellen Folgen leiden.

1692 trat Max Emanuel die Statthalterschaft der Spanischen Niederlande an und verließ am 5. März München, das er neun Jahre lang nicht wiedersehen sollte. Seine ungeliebte Gemahlin ließ er zurück. Sie ging nach Wien zu ihren Eltern, schenkte am 28. Oktober dem Kurprinzen Joseph Ferdinand das Leben und starb am 24. Dezember, nachdem sie in ihrem Testament den Verzicht auf das spanische Erbe zugunsten der väterlichen Familie bekräftigt und ihren Mann unter Verletzung des Heiratskontrakts regelrecht enterbt hatte. Max Emanuel führte dieses widersprüchliche Verhalten Maria Antonias auf böswillige Beeinflussung und Druck durch ihre Familie zurück und strengte ein Verfahren beim Reichskammergericht an, das sich ergebnislos in die Länge zog. Er reihte die Enterbung unter die Gründe für seinen späteren Bruch mit Wien. Maria Antonia ruht nicht in München, sondern in der habsburgischen Grablege in der Wiener Kapuzinergruft.

4 Bayern im Großen Türkenkrieg

Das stehende Heer

Ab der 2. Hälfte des 17. Jahrhunderts wurden in vielen europäischen Staaten die Armeen nicht mehr wie bisher bei Friedensschluß bis auf ein paar Gardeeinheiten aufgelöst, sondern ein fester Bestand an Regimentern beibehalten, um Kontinuität in der Heeresorganisation und sofort einsatzbereite Truppen zu haben.

Bei seinem Regierungsantritt übernahm Max Emanuel ein nach dem Friedensschluß von 1678 auf wenige Kompanien geschrumpftes Heer. Indem er die wirtschaftliche Leistungskraft seines Landes aufs Äußerste anspannte und es verstand, sich von seinen Verbündeten erhebliche Subsidien zu verschaffen, konnte er trotz seines aufwendigen Regierungsstils die bayerische Armee bis zum Jahr 1704 zu einer Stärke auszubauen, die es ihm ermöglichte, hochgesteckte politische Ziele zu verfolgen. Max Emanuels Heerespolitik fügte sich dabei in den allgemeinen europäischen Trend, durch ein starkes stehendes Heer den Ausbau des absolutistischen Verwaltungsstaats voranzutreiben. Armee und Krieg verursachten 1682–1692 Kosten von 15 Millionen Gulden, was 40 % der gesamten Steuereinnahmen entsprach (Subsidien nicht eingerechnet). Das erscheint viel, war für die Verhältnisse der Zeit aber ganz normal, wenn man bedenkt, daß von 1683 an ununterbrochen Krieg geführt wurde. Nach Kriegsende sank der Anteil der Militärausgaben am Gesamtetat auf 26% – erheblich unter dem internationalen Durchschnitt. Am Schuldenberg von fast 27 Millionen Gulden, den Max Emanuel bei seinem Tod hinterließ, war das Hofkriegszahlamt mit einem Fehlbetrag von nur 3.425.298 Gulden beteiligt.

Durch die Reorganisation von 1682 entstand ein Feldheer von 8.400 Mann Infanterie und 2.900 Kürassieren und Dragonern, einschließlich der Artillerie und der Freikompanien insgesamt etwa 12.800 Mann. Dies war die Geburt des stehenden bayerischen Heeres. Mehrere der 1682 gegründeten

Regimenter existierten bis 1919. Ihre höchste Stärke erreichte die Armee Max Emanuels im Frühjahr 1703 mit 27.000 Mann, eine enorme Zahl für eine Bevölkerung von etwas über 900.000 Menschen. Dies war ein Mobilisierungsgrad von fast 3 %, der den Frankreichs um das Doppelte, den der kaiserlichen Erblande um mehr als das Vierfache übertraf, jedoch auf Kosten der Qualität. Die Armee rekrutierte sich aus der freien Werbung, bestand aber überwiegend aus Landeskindern, während das Offizierskorps infolge der schon von Maximilian I. beklagten Kriegsunlust des bayerischen Adels einen hohen Anteil von Ausländern aufwies, vor allem Italiener, Franzosen und Iren. Neben der Berufsarmee gab es die wenig schlagkräftige Miliz (Land- und Stadtfahnen), die nur bei der Verteidigung im eigenen Land zum Einsatz kommen sollte. Im Spanischen Erbfolgekrieg wurde aber in großem Umfang zwangsweise aus den Landfahnen in die Linienregimenter rekrutiert.
Die Mobilisierung der Bevölkerung nahm in den Jahren 1702 – 1704 ständig zu. Hatte man zunächst nur jeden fünften Mann ausgehoben, auschließlich ledige Burschen, ging man ab 1703 zu einer Art allgemeinen Wehrpflicht über.
Die Zeit 1680 – 1700 war zum letzten Mal für die nächsten fast anderthalb Jahrhunderte von waffentechnischen Fortschritten gekennzeichnet, die auch in der bayerischen Armee rezipiert wurden. Die Pike (Langspieß), zunächst noch von einem Drittel der Infanterie geführt, wurde durch das Bajonett ersetzt, die Luntenmuskete durch die schneller zu handhabende Steinschloßflinte. Neu eingeführt wurde die Waffengattung der Grenadiere, eine zusätzlich mit Handgranaten ausgestattete Elitetruppe. Als eine der ersten deutschen Armeen setzte die bayerische zeitweise in Ungarn geworbene Husaren als leichte Kavallerie ein. Sinnfälligster Ausdruck des Trends zur Zentralisierung und Disziplinierung war die neu in den meisten Armeen eingeführte Uniform. 1682/83 erhielt die bayerische Infanterie mittelblaue Röcke mit einem Stich ins Blaugraue, woran sich über 100 Jahre lang nichts ändern sollte.

Die Disziplin wurde in der bayerischen Armee milder gehandhabt als in den meisten anderen. Der Zeit voraus war der teilweise Übergang zur Unterbringung der Soldaten in Kasernen, um die Bürger von den Einquartierungen zu entlasten.
Traurig war das Schicksal vieler der ausgedienten, oftmals an Verwundungen und anderen Kriegsfolgen leidenden Soldaten. Bettelnde ehemalige Krieger waren ein alltäglicher Anblick. Man begann Hospitäler für verdiente Veteranen einzurichten. Max Emanuel schloß sich diesem Trend an, indem er 1698 ein militärisches »Gnadenhaus« vor dem Sendlinger Tor in München gründete, wobei nur ein Bruchteil der invaliden Soldaten Unterkunft und Auskommen erhalten konnte. Es war mehr ein symbolischer Akt, als eine umfassende soziale Maßnahme, immerhin aber war ein Anfang gemacht.
Vor dem Eintritt in den Großen Türkenkrieg, wie auch am Vorabend des Spanischen Erbfolgekriegs zog Max Emanuel seine Armee in einem großen Übungslager zwischen Schwabing und Freimann zusammen, 1701 nicht weniger als 20.000 Mann, sowohl zu Ausbildungszwecken im Rahmen von Manövern, als auch zur Machtdemonstration. »Ein sehr schönes und großes Heer für eine so kleine Provinz«, kommentierte der französische Gesandte, »welche Rede aber Sr. Kurfürstl. Durchlaucht durchaus nicht gefallen wollen, darum daß er Bayern ein kleines Land genennt.« Da wenige Kilometer vom Übungsgelände entfernt der Bau für Schloß Schleißheim begonnen hatte, mußten die Soldaten zeitweise die Muskete mit dem Spaten tauschen und an der großen Kanalanlage arbeiten.

Der türkische Angriff auf Wien löste einen sechzehnjährigen Krieg aus, an dem Max Emanuel 1683 bis 1688, also sechs Jahre lang, persönlich teilnahm. Seine Anwesenheit auf dem Kriegsschauplatz beschränkte sich, wie auch die der anderen Kommandeure, auf die aktive Feldzugssaison im Sommer. Die Armee, zumindest die Infanterie, überwinterte dagegen mit Ausnahme des ersten Jahres auf dem Kriegsschauplatz, der sich ab 1684 nach Ungarn und schließlich nach Serbien verlagerte. Sie hatte dabei schwere Entbehrungen infolge mangelhafter Ernährung und ungesunder Unterkünfte zu ertragen, die verheerende Verluste zur Folge hatten. 1683-1688 dürften wenigstens 15.000 bayerische Soldaten ums Leben gekommen sein, wovon die meisten nicht im Kampf, sondern an Krankheiten starben. Ursache waren der verödete Zustand Ungarns, das ungünstige Klima, die mangelhafte Organisation der Winterquartiere und der Logistik durch die Kaiserlichen und das weitgehende Ausbleiben der vereinbarten Subsidien wegen der Zahlungsunfähigkeit der kaiserlichen Verwaltung. Das führte schon bald zu schweren Spannungen zwischen der bayerischen und der kaiserlichen Heeresleitung und diente noch viele Jahre Max Emanuel dazu, den damaligen Bündnispartner mit Vorwürfen zu überschütten und zugleich an seine Dankbarkeit zu appellieren.

In den ersten Jahren hatte der junge, tatenhungrige Kurfürst sehr gegen seinen Willen nur die Rolle eines Nebenkommandeurs zu spielen, dessen eigentliche Bedeutung darin bestand, seine relativ zahlreiche und gute Armee zur Verfügung zu stellen. Zwar wurde er nominell schon 1684 kaiserlicher Generalissimus, aber erst 1686 erhielt er eine eigene Operationsarmee, die über ein Drittel des ganzen Feldheeres ausmachte. Doch handelte es sich auch hierbei um kein vollkommen eigenständiges Kommando, denn alle wichtigen Operationen wurden gemeinsam mit der von Herzog Karl V. von Lothringen befehligten Hauptarmee durchgeführt. Die Abneigung gegen den von Ludwig XIV. aus seinem Land vertriebenen, zu einer vorsichtig-methodischen Kriegführung neigenden Lothringer teilte Max Emanuel mit anderen, auf ein aggressiveres Vorgehen drängenden Führern wie Markgraf Ludwig Wilhelm von Baden und dem jugendlichen Prinzen Eugen von Savoyen, mit denen beiden der Kurfürst verwandtschaftlich verbunden war. Max Emanuel handelte hier nicht nur aus persönlicher Antipathie und aus fachlicher Kritik wie seine Gesinnungsgenossen, sondern auch aus fürstlichem Eigeninteresse. Er stellte dem Kaiser unter großen Opfern sein Heer zur Verfügung, um Ungarn von den Türken zu befreien, was letztlich nur dem Besitzstand und der Machtstellung des Hauses Habsburg zugutekommen konnte. Eine Gefährdung Bayerns war ja nach der siegreichen Abwehr der Offensive von 1683 nicht mehr gegeben, vielmehr befand sich die kaiserliche Seite im Gegenangriff. Als Gegenleistung wollte der Kurfürst ein selbstständiges Kommando haben, das ihm die Möglichkeit gab, sich persönlichen Ruhm und das damit verbundene militärische und politische Prestige zu erkämpfen. Das Jahr 1688 brachte infolge einer Krankheit Karls von Lothringen Max Emanuel endlich den ersehnten alleinigen Oberbefehl, den er mit glänzendem Erfolg ausübte. Nach diesem Feldzug verließ er, veranlaßt durch den Ausbruch des Pfälzischen Erbfolgekrieges im Westen, für immer den östlichen Kriegsschauplatz.

Das Engagement im Türkenkrieg hat den jungen Kurfürsten im Reich und in Europa binnen weniger Jahre zu einer populären Heldenfigur gemacht, wie das auf andere Weise nicht möglich gewesen wäre. Natürlich boten die Triumphe über den »Erbfeind« der Selbstdarstellung Max Emanuels unerschöpflichen Stoff bis an sein Lebensende und noch über den Tod hinaus. Denn als Sieger vom Berge Harsán und Eroberer Belgrads, als »Blauer König« hat das Volk ihn in erster Linie in Erinnerung behalten. Trotz aller schweren Opfer, die er dem Land abverlangte, war der Türkenkrieg ein intensives, gemeinsames Erlebnis, welches das Selbstbewußtsein seines Volkes dauerhaft hob und selbst die finsteren Jahre des Spanischen Erbfolgekrieges überstrahlte und überstrahlt.

> *»Letzten Donnerstag... sahen wir den Kurfürsten von Bayern kommen, von dem ich Ihnen hier eine Beschreibung gebe: kastanienbraune Haare [Max Emanuel trug damals noch keine Perükke], kein übles Gesicht; die Lippen und das Kinn österreichisch, aber nicht häßlich; ein wenig matte Augen, eine französische Haltung... Er kleidet sich besser als die anderen... Er hat gute Manieren und Lebensart und ist gleichwohl ganz jung.«*
>
> *König Johann III. Sobieski von Polen an seine Gemahlin über sein erstes Zusammentreffen mit Max Emanuel am 9. September 1683*

»Der bayerische Kurfürst sieht gut aus, hat kastanienbraunes Haar und eine vorteilhafte Physiognomie. Geistvoll und feurig, schont er sich in keiner Weise. Er zieht ins Gelände bei Schnee und größter Kälte, ohne sich nur einen Tag Ruhe zu gönnen; abends fährt er im Schlitten durch die Straßen, tanzt vier und fünf Stunden deutsche Tänze; wenn einer seiner Leute dazwischenredet, um ihn davon abzuhalten, nennt er ihn einen Dummkopf... Er ist stolz und sehr ehrgeizig und hat im letzten Feldzug bei der unglücklichen Belagerung von Ofen [1684] viel Mut gezeigt und gleichzeitig die Rolle des Soldaten und die des Generalissimus gespielt... Um ihn richtig zu schildern: er hat alle Anlagen, um der größte Fürst Deutschlands zu werden, wenn er sich bemüht und über seine wirklichen Interessen nachdenkt.«

Der außerordentliche französische Gesandte am kurbayerischen Hof Denis de la Haye-Ventelet im Winter 1684/1685 an Ludwig XIV.

DIE GROSSEN SIEGE

Als erste und stärkste Hilfsarmee aus dem Reich trafen Mitte August 1683 die Bayern mit über 8.000 Mann und 26 Geschützen in Krems ein. Max Emanuel selbst stieß in der Nacht zum 9. September zur Armee. Vereint mit den Kaiserlichen unter Karl von Lothringen und den Polen unter König Johann III. Sobieski sowie weiteren Kontingenten aus dem Reich (Sachsen und Kreistruppen) trat man vom Tullner Feld den Vormarsch nach Osten an. Nachdem sie, ungehindert durch den Gegner, in einer Gesamtstärke von 65–70.000 Mann den Wienerwald durchquert hatten, griffen die Verbündeten am 12. September den durch die erfolglose und verlustreiche Belagerung bereits stark geschwächten und entmutigten, numerisch nur mehr wenig überlegenen und zudem unfähig geführten Gegner an und bereiteten ihm in der Schlacht am Kahlenberg mit relativer Leichtigkeit eine vollständige und entscheidende Niederlage. Die Bayern bildeten das Zentrum, das erst spät zum Einsatz kam, dann aber die türkische Hauptschanze erstürmte.

Die Schlacht am Kahlenberg bedeutete eine epochale Wende. Die seit Jahrhunderten dauernde einseitige Aggression der osmanischen Türken kam endgültig zum Erliegen. Auf dem Fuße folgte die Gegenoffensive des Kaisers und seiner Verbündeten. Noch im Oktober nahmen Karl von Lothringen und Max Emanuel die Festung Gran ein. Dann aber kam eine vorübergehende Stockung in die Operationen. Ursache war eine besorgniserregende Entwicklung im Westen.

Nachdem die Bedrohung Mitteleuropas durch die siegreiche Verteidigung Wiens schlagartig beendet war, sah Ludwig XIV. keinen Anlaß mehr zur Rücksichtnahme. Schon Ende 1683 eröffnete er den »Reunionskrieg« gegen Spanien und die Niederlande. Max Emanuel trat der sich zur Abwehr dieser neuen französischen Expansionsbestrebungen bildenden Haager Allianz bei. Der Kaiser wollte sich aber nicht in diesen Konflikt verstricken lassen, um sich die Hände freizuhalten für den Kampf im Osten, der für die habsburgischen Hausinteressen sehr viel mehr Gewinn versprach als ein Krieg gegen Frankreich. So kam es im August 1684 zum Regensburger Waffenstillstand, wo Ludwig XIV. auf 20 Jahre unangefochten im Besitz seiner Reunionsgewinne einschließlich des soeben eroberten Luxemburg anerkannt wurde.

Wegen der unklaren Situation im Westen fand sich Max Emanuel mit seiner Armee erst Anfang September an der ungarischen Front ein. Die kaiserliche Heeresleitung hatte sich die Rückeroberung der ungarischen Stadt Ofen (Buda) zum Ziel gesetzt, doch die Situation war beim Eintreffen der Bayern bereits völlig verfahren. Trotzdem stürzte sich der Kurfürst mit Feuereifer in den Kampf und erzielte auch einige Erfolge, ohne jedoch das Blatt wenden zu können. Schließlich mußte angesichts einer trostlosen Versorgungslage Anfang November die Belagerung, die den Angreifer 40% der Armee gekostet hatte, ergebnislos abgebrochen werden. Mit dieser verheerenden Niederlage hatte Max Emanuel nach dem triumphalen Sieg des Vorjahres auch die bittere Schattenseite des Krieges kennengelernt.

Der Feldzug des nächsten Jahres war wesentlich erfolgreicher. Neuhäusel wurde erobert und die Festung Gran konnte durch eine erfolgreiche Entsatzschlacht am 16. August behauptet werden, wobei der Kurfürst mit einem selbstständig ange-

Max Emanuel (links) und Karl von Lothringen vor dem erbeuteten Zelt des Großwesirs am Ende der Schlacht am Berg Harsán (oder 2. Schlacht bei Mohács), 12. August 1687. Französisches Almanachblatt für das Jahr 1688. Aufgestochene Radierung des Henri Bonnart, Paris 1687.

Der Kurfürst zeigt dem Lothringer das Zelt, während letzterer eine Schatztruhe öffnet. Die Siege Max Emanuels wurden in Frankreich besonders enthusiastisch gefeiert, war er doch der Schwager des Dauphin. Auf der Vignette links oben sehen wir den Kurfürsten im eroberten Zelt bei der Abfassung der Siegesmeldung an seine Schwester in Versailles, auf der Vignette rechts oben spricht Luwig XIV. seine Glückwünsche aus.

ordneten Gegenangriff seines linken Flügels die Entscheidung herbeiführte.

Im Feldzug 1686 erhielt Max Emanuel endlich das ersehnte Kommando über eine eigene Armee, die aus 22.000 Mann bayerischer, kaiserlicher und sächsischer Truppen bestand, während Karl von Lothringen die Hauptarmee von 42.000 Mann befehligte. Das waren Sollstärken, die realen lagen erheblich darunter. Es wurde Anfang Juni ein neuer Versuch gegen Ofen beschlossen, was die Vereinigung der Armeen zur Folge hatte. Max Emanuel übernahm die »Attacke« gegen die Schloßseite der Stadt, die die schwierigere und entscheidendere war. Er trieb, wie schon 1684, die Belagerungsarbeiten unter rücksichtslosem Einsatz seiner Person voran. Am 2. September konnten endlich Schloß und Stadt im Sturmangriff genommen werden. Dem in solchen Fällen stets einsetzenden schrecklichen Gemetzel unter Garnison und Zivilbevölkerung versuchte der Kurfürst, dessen Haltung auch den Türken gegenüber von ritterlicher Toleranz geprägt war, mit einigem Erfolg Einhalt zu gebieten. Die Zahl der von Max Emanuel bei dieser Gelegenheit geretteten Menschen wurde mit 2.500 angegeben.

Dem Wunsch des Kurfürsten nach eigenem Kommando kamen die Kaiserlichen im Feldzug 1687 umso bereitwilliger nach, als Max Emanuel, der sich seit dem Winter in steter Begleitung seines neuen Freundes, des von Ludwig XIV. gesandten Marquis de Villars befand, eine beunruhigende Neigung zu Frankreich zeigte. Wieder kam es schon bald zur Vereinigung mit der Hauptarmee. Nach einem vergeblichen Vorstoß gegen die verschanzten Stellungen von Esseg Ende Juli zog man sich bei glühender Hitze durch verödetes Land in Richtung Mohács zurück, ständig umschwärmt von den leichten Truppen der Türken. Als am 12. August die christlichen Armeen durch einen Engpaß zwischen dem Berg Harsán im Norden und sumpfigen Wäldern im Süden marschierten, suchte Großwesir Süleiman Pascha die Entscheidung und griff mit seiner ganzen Armee von 50-60.000 Mann den rückwärtigen, 22.000 Mann starken Flügel Max Emanuels an, während Karl von Lothringen mit seinen 28.000 Mann bereits westlich des Hindernisses stand und den Verbündeten nur mit 3.000 Mann unterstützen konnte. Max Emanuel sah sich von drei Seiten attackiert, konnte sich aber behaupten, indem er das zweite Treffen kehrtmachen ließ. Nachdem der Überraschungsangriff der Türken gescheitert war, wollte Karl von Lothringen die Schlacht abbrechen, doch der Kurfürst, tatkräftig unterstützt von Ludwig von Baden, ging zum Gegenangriff über, zersprengte die türkische Reiterei und warf sie auf das Fußvolk, das sich in mehreren hintereinanderliegenden Grabenlinien verschanzt hatte. Hinter den Fliehenden brach die christliche Kavallerie in die Stellungen ein und hieb die Janitscharen in ihren Gräben nieder, viele der Entkommenen ertranken, als die Brücke über die Drau brach. Mindestens 10.000 Türken kamen ums Leben, 2-3.000 wurden gefangen, das ganze Lager samt 28 Geschützen fiel den Siegern in die Hände. Diese hatten etwa 600 Tote und Verwundete, Max Emanuel selbst war durch eine Gewehrkugel an der Hand blessiert worden. Der große Sieg am Berge Harsán, auch bekannt als 2. Schlacht bei Mohács, der einen Umsturz im osmanischen Reich herbeiführte und die Etablierung der habsburgischen Erbmonarchie in Ungarn zur Folge hatte, stellte einen persönlichen Triumph Max Emanuels dar, zumal die entscheidungssuchende Fortsetzung der Schlacht gegen den Willen Karls von Lothringen erfolgt war.

Feldzugsziel für 1688 war die Einnahme Belgrads, der letzten türkischen Hauptfestung im ungarisch-serbischen Raum. Die Armee, die Max Emanuel, der endlich das alleinige Oberkommando hatte, in Peterwardein erwartete, war nur 34.000 Mann stark. Nachdem es in einem kühnen Manöver gelungen war, in der Nacht des 7./8. August die Save südlich von Belgrad zu überschreiten, konnte die Belagerung beginnen. Bereits am 6. September setzte der Kurfürst den konzentrischen Sturmangriff in zwei Haupt- und zwei Nebenkolonnen an. Er führte mit dem Degen in der Hand an vorderster Front und wurde durch einen Pfeil und einen Steinwurf leicht verwundet. Nach kurzem heftigem Kampf, der die Angreifer 1.300 Tote und Verwundete kostete, war die Stadt genommen. Die meisten der 5.000 Verteidiger starben, dem Rest, der um Gnade bat, schenkte der Kurfürst das Leben. Die klischeehafte Kritik, der Kurfürst habe mit seiner allzu aggressiven Vorgehensweise unnötig hohe Verluste verursacht, trifft nicht zu. Es handelte sich um exakt vorbereitete und durchgeführte Aktionen, die Verluste waren für die Erstürmung einer Hauptfestung keineswegs außergewöhnlich schwer.

»...haben Ihr. Kurfürstl. Durchlaucht aus Bayern [am Tag nach der Schlacht am Berge Harsán] in Gegenwart Ihro Durchlaucht von Lothringen, des Herzogs von Mantua und aller vornehmen Generäle und Prinzen in des Großwesirs Zelt, vor welchem der türkische Roßschweif mit den eroberten feindlichen Fahnen zum Zeichen des Triumphs aufgesteckt waren, um Gott für die erhaltene Victoria den schuldigen Dank zu erstatten, das Te Deum laudamus unter Pauken- und Trompetenschall singen, auch den weltbekannten Kapuziner Pater Marcus Avianus eine Predigt... halten und anschließend diesen herrlichen Sieg mit allen Pauken und Trompeten ausblasen und dreimal Salve aus mehr denn sechzig Geschützen geben lassen.«

Theatrum Europaeum, Bd. 13 (1688)

»[Die Türken] griffen mit grausamer und unglaublicher Furie an, so daß die Janitscharen sogar die gepflanzten Schweinsfedern [in die Spanischen Reiter gesteckte kurze Spieße] mit den Händen wegzureißen, die Spanischen Reiter aber mit den Säbeln zu zerhauen anfingen. Sie wurden aber von unserem Fußvolk mit einem so dicken Donnerhagel empfangen, auch mit... Geschützen so tapfer unter sie gefeuert, daß sie viele Wagen mit Toten und Blessierten hinweg führen ließen.«

Bericht Max Emanuels an den Kaiser über den türkischen Gegenangriff auf den Brückenkopf an der Save

»[Indem Max Emanuel] der stürmenden Mannschaft zugesprochen: ›Liebe Brüder, schaut mich an, und sehet, was ich tue, folget mir nach!‹ Und dergestalt durch ihre generöse Gegenwart, Beschenkungen und Versprechungen, zugleich auch durch ernstliche Bedrohung sie dergestalt animiert, daß sie, ungehindert

Türkischer Angriff auf Max Emanuels Brückenkopf an der Save südwestlich von Belgrad am 8. August 1688. Ölgemälde Franz Joachim Beichs aus der Serie von Schlachtenbildern für den Schleißheimer Viktoriensaal (vgl. Abb. 187).

Die gut vorbereitete, kühn durchgeführte Überschreitung der Save, die der Kurfürst gegen den Rat seines Stabes unternahm, bildete die Voraussetzung für die erfolgreiche Belagerung von Belgrad. Der Brückenkopf ist mit spanischen Reitern eingeigelt, auf Schiffen werden im Pendelverkehr Verstärkungen nachgeführt, am anderen Ufer wird mit dem Bau einer Schiffsbrücke begonnen.

ihrer viele durch des Feindes kontinuierliches Feuern alle Augenblicke dahin fielen, endlich insgesamt die Resolution gefaßt, und in den vor ihnen befindlichen, drei in vier Klafter [5–7 m] tiefen Graben hinuntergesprungen, auch teils dabei Hals, Arm und Bein gebrochen, sich darin gegen den Feind gestellt, selbigen mit Gewalt herausgetrieben und viele, denen der Rückzug abgeschnitten war, niedergeschossen.«

»Theatrum Europaeum«, Bd. 13 (1688) über die Erstürmung von Belgrad

Erstmals im Besitz des uneingeschränkten Oberbefehls und ohne Assistenz Ludwigs von Baden, hatte Max Emanuel nicht nur seine bekannten Vorzüge erneut unter Beweis gestellt – Tapferkeit, Kampfeslust, Talent zu mitreißender Menschenführung – , sondern auch sicheres Urteil und umsichtige Gründlichkeit in der Anlage sowie unermüdliche Energie in der Durchführung aller Aktionen gezeigt, echte Feldherrneigenschaften also. Die oft geäußerte Behauptung, er habe sich leichtsinnig auf übergroße Risiken eingelassen und im Getümmel den Überblick verloren, findet weder in diesem noch in späteren Kriegen Anhalt an den Fakten. Max Emanuel ging nur kalkulierte Risiken ein. Persönlich ins Kampfgetümmel gestürzt haben sich immer wieder auch die größten Feldherren des Zeitalters wie Marlborough, Prinz Eugen, Karl XII. von Schweden, wenn die Situation es erforderte.

> *»Der Herr Kurfürst von Bayern hat von Natur aus viel kriegerischen Mut; er würde des Krieges nie müde werden, wenn man sich alle Tage schlagen könnte. Die Scharmützel unterhalten ihn und, obwohl es nicht die Sache eines Generals ist, wird er freiwillig nicht von ihnen lassen, um dort die nötigen Befehle zu geben, wo gerade nichts los ist. Er würde es zu einer weitgehenden Beherrschung des Krieges bringen, wenn er sich fleißig anstrengen würde, aber bis jetzt scheint es, als würde er das, was er von Anfang an geliebt hat, immer weiter betreiben wollen, die Gefechte, die Scharmützel, die Truppen fliehen sehen, sich eines Lagers bemächtigen, den Sieg und die Früchte des Sieges; alles übrige überläßt er seinen Offizieren und kümmert sich nicht um die Kleinigkeiten der Heeresführung. Er achtet wenig auf seine Truppen, bestraft nicht und belohnt nicht diejenigen, die ihm gut oder schlecht dienen, und beschäftigt sich nicht mit der Erarbeitung von Projekten, der Führung und Zielsetzung des Krieges, denn er zieht seine Vergnügungen allen anderen Dingen vor und scheut die Aufgaben und alle Mühen, wenn es nicht darum geht, eine Mätresse zu sehen oder einen Hirsch zu erlegen. Er hält das Geld, das von den Leuten, die seine Finanzen verwalten, ausgegeben wird, für nichts, aber dasjenige, das in seine Tasche*

gelangt, für viel. Im Endurteil hat er Courage und Esprit und er könnte ein großer Mann sein, wenn er will, aber man zweifelt an seinem Willen.«

Der französische außerordentliche Gesandte in Bayern und General Louis-Hector Marquis (später Duc) de Villars in einem »Portrait« der kaiserlichen Generäle von 1689 (wohl 1687 verfaßt)

»Unentschlossen im Kabinett, aber entschieden, wenn das Feuern beginnt, schwach im Kriegsrat, aber stark am Tag der Schlacht.«

Der kaiserliche General Markgraf Ludwig Wilhelm von Baden-Baden über seinen Waffenbruder Max Emanuel im Türkenkrieg

Der Feldzug von 1688 und die Eroberung von Belgrad waren zugleich Höhepunkt und Ende der Feldherrnlaufbahn im Großen Türkenkrieg. Keine drei Wochen nach dem Fall von Belgrad marschierten die Truppen Ludwigs XIV. in Köln und in der Pfalz ein. Damit brach ein neunjähriger Krieg los, in den der größte Teil West- und Mitteleuropas verstrickt wurde und der auch schon die Ozeane und die überseeischen Kolonien erfasste, der erste echte Weltkrieg. Kaum ein anderer Konflikt ist unter so vielen Namen in die Geschichte eingegangen – Pfälzischer Erbfolgekrieg, Krieg der Liga von Augsburg, Orléanischer Krieg, Neunjähriger Krieg. Er sollte bis 1697 die Aufmerksamkeit des Kurfürsten mit Vorrang in Anspruch nehmen.

5 Aufstieg und große Erwartungen

Max Emanuels Auftritt im Türkenkrieg hatte ihn zu einer europäischen Figur gemacht. Zwar kam der unmittelbare territoriale und machtpolitische Gewinn nur dem Haus Österreich zugute, das sich als Großmacht etablieren konnte, doch eröffneten, das gewonnene militärische Prestige und die Ehe mit Maria Antonia große Zukunftsperspektiven für Max Emanuel und seine Dynastie. Wichtig für die ehrgeizigen Pläne des Kurfürsten wurde die im Pfälzischen Erbfolgekrieg gewonnene Anlehnung an die Seemächte Holland und England. Diese trieben unter der Leitung des Generalstatthalters der nördlichen Niederlande Wilhelm von Oranien, der sich 1688 in der »Glorreichen Revolution« als Wilhelm III. zum König von England aufschwang, eine konsequent gegen Frankreich gerichtete Gleichgewichtspolitik, in deren Rahmen der Übergang des spanischen Weltreiches in die Hand der Bayerischen Wittelsbacher das bevorzugte Modell war.

KRIEG GEGEN FRANKREICH

Den Auftakt für den Pfälzischen Erbfolgekrieg bildete 1688 der letztlich erfolgreiche Versuch Max Emanuels, seinen Bruder Joseph Clemens als Erzbischof und Kurfürst von Köln zu etablieren. Bei der Wahl des Koadjutors, welche die Vorentscheidung für die Bischofswahl zu bedeuten pflegte, fand der frankreichfreundliche Wilhelm Eugen von Fürstenberg im Januar eine Mehrheit im Kölner Domkapitel. Damit drohte das Kurfürstentum Köln in das Fahrwasser Ludwigs XIV. zu geraten. Die Kandidatur Joseph Clemens‘ erhielt daher die Unterstützung des Kaisers, der wittelsbachischen Kurfürsten von Bayern und Pfalz und schließlich auch die des prokaiserlich eingestellten Papstes. Als der amtierende Kurfürsterzbischof Maximilian Heinrich von Bayern, ein Vetter von Joseph Clemens und Max Emanuel, im Juni starb, kam es zu einer Doppelwahl, die durch einen Machtspruch aus Rom am 16. September 1688 in bayerischem Sinn entschieden wurde. Die Niederlage seines Kandidaten bildete den unmittelbaren Anlass für Ludwig XIV., den Pfälzischen Erbfolgekrieg zu eröffnen.

KURFÜRST JOSEPH CLEMENS VON KÖLN (1671–1723)

Max Emanuels einziger Bruder war von Kindheit an für eine geistliche Karriere bestimmt, um die Position der Bayerischen Wittelsbacher in der Reichskirche zu behaupten. Trotz persönlicher Frömmigkeit sträubte er sich heftig, doch die Hausinteressen gingen vor, und so fügte sich der Herzog dem Willen seines Bruders. Erst während seines Exils ließ er sich 1706 in Lille durch den berühmten Erzbischof von Lille Fénelon zum Priester und 1707 zum Bischof weihen. Noch minderjährig, hatte er 1685 mit päpstlicher Sondergenehmigung die Bistümer Freising und Regensburg erhalten. Drei Jahre später setzte er sich, wieder dank der Hilfe des Papstes, in der Kölner Doppelwahl durch. Im gleichen Jahr fiel an ihn auch die Fürstpropstei Berchtesgaden. 1694 kamen noch die Bistümer Hildesheim und Lüttich dazu, dafür mußte er allerdings wegen zu großer Ämterhäufung Freising und Regensburg abgeben, erhielt aber letzteres bald wieder zurück. Der Zutritt zu seinen kölnischen Territorien war dem neugewählten Kurfürsten infolge des nicht zuletzt durch seine Wahl ausgelösten Pfälzischen Erbfolgekriegs vorerst verwehrt, da sie von den Franzosen besetzt waren. Erst nach längerer Belagerung fiel die kurkölnische Hauptstadt Bonn im Oktober 1689 den Alliierten wieder in die Hände. Aber auch dann noch zögerte Joseph Clemens jahrelang, sein geliebtes Bayern auf Dauer zu verlassen und seinen Sitz an den Rhein zu verlegen. Die Richtlinien der kurfürstlichen Politik bestimmte der aus bayerischen Diensten übernommene Kanzler und Staatsminister Johann Friedrich Freiherr Karg von Bebenburg (1647–1719). Er bestärkte seinen Herrn in seinem absolutischen Kurs. Die daraus resultierende Konfrontation mit dem Domkapitel und dessen hartnäckige Weigerung, den finanziellen Forderungen des Landesherrn entgegenzukommen, brachten Joseph Clemens immer mehr unter den Einfluß französischer Diplomaten, die ihm mit hohen Subsidien aus der Geldnot zu helfen versprachen. Da auch der Bruder, den er trotz gelegentlicher Kritik rückhaltlos bewunderte und dessen Weisungen er zu folgen pflegte, offensichtlich in die französische Richtung tendierte, ging Joseph Clemens im Februar 1701 sogar ein Bündnis mit Ludwig XIV. ein, gegen den entschiedenen Widerstand des Domkapitels. Um sich durchzusetzen, rief er im November 1701 die Franzosen ins Land, was ihm die herbe Kritik Max Emanuels einbrachte, der sich zu diesem Zeitpunkt noch Verhandlungsfreiheit nach beiden Seiten offenhalten wollte. Im Sommer 1702 drangen die Alliierten in das strategisch wichtige Kurfürstentum Köln ein, im Mai 1703 eroberte Marlborough Bonn – Joseph Clemens war ein Herrscher ohne Land. Wie Max Emanuel wurde er 1706 in die Reichsacht getan, was ihn persönlich weit härter traf als den robuster veranlagten Bruder. Von nun an nahm er seine geistliche Berufung ernst, ohne sich freilich von seiner langjährigen Maitresse zu trennen. Die Exilszeit verbrachte er vornehmlich in Valenciennes. Joseph Clemens hing stärker an Bayern als Max Emanuel und erhob Einspruch gegen dessen zeitweilige Tauschpläne. Er teilte mit ihm die Leidenschaft für Musik und Theater, fürs Bauen und Kunstsammeln. Er stand in den einschlägigen Fachfragen in ständigem brieflichen Kontakt mit seinem Bruder. Die schwer beschädigte Residenzstadt Bonn setzte er großzügig wieder instand. Für seinen Bonner Schloßbau (1697–1705) lieh er sich den kurbayerischen Hofbaumeister Henrico Zuccalli aus. Nach der Rückkehr aus dem Exil ließ er den französischen Architekten Robert de Cotte das Schlößchen Poppelsdorf am Rand von Bonn erbauen, das aber erst unter seinem Neffen und Nachfolger Clemens August vollendet wurde.

Joseph Clemens besaß als »Standbein« in Bayern den Sitz Berg am Laim im Osten von München mit dem »Lusthaus« Josephsburg. Er gründete 1693 die St. Michaels-Bruderschaft, die vom Papst approbiert wurde. Neben dieser allgemein zugänglichen, zahlreiche Ableger im In- und Ausland entwickelnden Bruderschaft rief Joseph Clemens im selben Jahr auch den exklusiven Hausritterorden St. Michael ins Leben. Der Neffe und Nachfolger Clemens August, der den Sitz Berg am Laim übernahm, ließ Johann Michael Fischer ab 1738 die Hauskapelle zur prächtigen Rokokokirche St. Michael ausbauen.

Zu den tieferen Ursachen des Kriegsausbruchs 1688 zählten die Ansprüche, die der französische König im Namen der Schwester des 1685 verstorbenen letzten Vertreters der kurpfälzischen Linie

Pfalz-Simmern, der berühmten Liselotte von der Pfalz, auf Teile des Erbes erhob. Diese hatte nämlich den Herzog von Orléans, einen Bruder Ludwigs XIV., geheiratet; das Erbe war aber, den Hausverträgen entsprechend, gänzlich an den neuen Kurfürsten aus der Linie Pfalz-Neuburg gegangen. Die französischen Truppen rückten in die Pfalz, in Mainz, in Köln ein, was große Empörung im Reich auslöste. Auch Max Emanuel bezog sofort klare Stellung und verwies den inoffiziellen französischen Gesandten Villars trotz ihrer persönlichen Freundschaft des Landes.

Gegen die pfälzischen Ambitionen Ludwigs XIV. hatte sich bereits 1686 die Liga von Augsburg gebildet, der auch der bayerische Kurfürst beigetreten war. Das antifranzösische Bündnis erfuhr eine wesentliche Erweiterung, als am 12. Mai 1689 die Große Allianz von Kaiser, Spanien, den Generalstaaten und verschiedenen Reichsständen zustandekam. Ihr gehörte ab September 1689 erstmals auch England an, das unter den katholischen Stuartkönigen bisher eine frankophile Politik getrieben hatte, der aber Wilhelm III., der hartnäckigste Gegenspieler Ludwigs XIV., mit seiner Glorreichen Revolution ein Ende setzte.

Max Emanuel schloß sich dieser Allianz zwar erst im April 1691 an, doch führte er schon seit Januar 1689 aktiv Krieg gegen Frankreich. Der militärische Kampfplatz für die kurfürstlichen Truppen war infolge des zeitweise auch Bayern gefährdenden Einfalls in die Pfalz die Front am Oberrhein. Max Emanuels mit beachtlicher Energie, aber ohne Unterstützung anderer Reichsstände unternommene Winteroffensive auf Heidelberg musste zwar schon bald abgebrochen werden doch demonstrierte sie die Entschlossenheit des Reiches, einen Zweifrontenkrieg zu führen, denn der Große Türkenkrieg ging ja noch zehn Jahre weiter. Im Frühjahr sollte ein großer Gegenangriff stattfinden, was Ludwig XIV. veranlasste, zum Entsetzen ganz Europas, das Oberrheingebiet systematisch zu verwüsten. Auf diese Weise wollte er die alliierte Offensive logistisch undurchführbar machen, so daß er in Deutschland mit schwachen Kräften hinhaltend kämpfen und seine Hauptmacht in den Niederlanden einsetzten konnte.

Hatten die besonderen Verhältnisse des Türkenkrieges dem militärischen Ehrgeiz des Kurfürsten noch einen gewissen

Spielraum gelassen, so trat jetzt im Kampf gegen die Franzosen an den verschiedenen Fronten des Pfälzischen Erbfolgekrieges die politische Komponente der Kriegsführung so beherrschend in den Vordergrund, daß eine freie Entfaltung seiner militärischen Fähigkeiten geradezu unmöglich wurde, zumal er sich ja stets in der Rolle des »Junior Partner« befand. Die Hoffnung, durch die Beteiligung am Kampf gegen Ludwig XIV. seine Position im anstehenden Streit um das spanische Erbe zu verbessern, veranlaßte den Kurfürsten zu mehr Zurückhaltung im Umgang mit seinen Verbündeten. Auch scheint sich Max Emanuel, eingeengt durch die gegebene Kommandostruktur und bündnispolitische Situation, trotz gelegentlichem Aufbegehren in die Verhältnisse gefügt zu haben, zumal ihn die westeuropäischen Kriegstheater weniger von den vielerlei Zerstreuungen abhielten, die ihm Ersatz boten für den unbefriedigten militärischen Ehrgeiz.

Im Feldzug 1689 gelang den Alliierten unter dem Kommando Karl von Lothringens gemeinsam mit Max Emanuel im September die Rückeroberung von Mainz. Trotz dieses mit hohen Verlusten bezahlten Erfolgs war das Ergebnis des Feldzuges angesichts der erheblichen kaiserlichen Übermacht unbefriedigend. Erst recht galt das für die Kampagne des nächsten Jahres, in der es sich als gänzlich unmöglich erwies, eine Kooperation der diversen Reichskontingente herbeizuführen. Der Kurfürst verließ in starker Verstimmung den Schauplatz, auf den er in diesem Krieg nicht zurückkehrte.

Im Frühjahr 1691 gelang es unter Einschaltung von Prinz Eugen, den Kurfürsten zur Übernahme des Oberbefehls in Norditalien zu bewegen. Am 17. August zog er mit 6.000 Bayern in Mailand ein und trat das Kommando über eine Armee von 30.000 Mann an. Die Belagerung von Carmagnola südlich von Turin führte nach kurzer Beschießung am 8. Oktober zur Kapitulation der Festung.

Die Kampagne in Italien blieb Episode, denn Ende des Jahres erreichte Max Emanuel die sehnlichst erwartete Ernennung zum Generalstatthalter der Spanischen Niederlande.

Die Spanischen Niederlande

Die Spanischen Niederlande waren ein lockerer Verband der acht katholischen flämischen und wallonischen Südprovinzen, die nach dem »achtzigjährigen« Unabhängigkeitskrieg bei Spanien geblieben waren. Das Gebiet konnte flächenmäßig mit Bayern verglichen werden, hatte aber mit zwei Millionen Menschen mehr als die doppelte Einwohnerzahl. Gesellschaft und Wirtschaft waren entwickelter, es gab sehr viel mehr Städte. Doch war, wie im ganzen spanischen Machtbereich, ein Niedergang unverkennbar, der auf die miserable spanische Verwaltung, die systematisch den potentiellen Konkurrenten drosselnde Handelspolitik der nördlichen Niederlande und die dauernden kriegerischen Verheerungen zurückzuführen war. Die Elite des Landes, allen voran Graf Bergeyck, den Max Emanuel schon bald zu seinem führenden Minister machte, erwartete vom neuen Gouverneur durchgreifende Reformen, doch standen dem die desolate Finanzlage, der geringe Handlungsspielraum, den Madrid seinem Statthalter ließ, der letztlich ein weisungsgebundener Beamter war, und die überkommenen Provinzialverfassungen im Weg. Auf letztere waren die Ständevertreter, die über ein Vetorecht verfügten, sehr stolz, was ein selbstbewußteres und widersetzlicheres Verhalten erwarten ließ als Max Emanuel es von den gefügigen bayerischen Landständen gewohnt war.

Es war ein ganz ungewöhnlicher Schritt, daß der spanische König einen ausländischen Fürsten zum Generalstatthalter der Niederlande ernannte. Max Emanuel hatte dies nicht dem kaiserlichen Schwiegervater zu verdanken, der zur Hilfestellung verpflichtet gewesen wäre, sondern dem englischen König.

Max Emanuel hatte Wilhelm III. erstmals im Januar 1691 auf einer Konferenz in Den Haag getroffen und anschließend weitere Gespräche mit ihm in Schloß Het Loo geführt. Dies war der

Ausgangspunkt für eine langjährige Freundschaft zwischen den beiden, in ihren Wesen höchst verschiedenen Männern. Der König sah in Max Emanuel den geeigneten Mann, um die unter den spanischen Statthaltern eingerissenen chaotischen Zustände zu ordnen und aus dem Land ein zuverlässiges Bollwerk gegen Frankreich zu machen. Auch sollte der Wittelsbacher ein persönliches Interesse an den Geschäften zeigen, wenn er seine spanischen Ambitionen verwirklichen wollte. Wilhelm stellte auch eine Statthalterschaft auf Lebenszeit in Aussicht.

Der Krieg war 1690 und 1691 in den Niederlanden katastrophal verlaufen. Gegen heftigen Widerstand am Madrider Hof erwies sich der dezidierte Wille des englischen Königs als ausschlaggebend, und so erfolgte die Ernennung Max Emanuels am 12./13. Dezember 1691. Am 5. März 1692 verließ der Kurfürst München, das er neun Jahre lang nicht wiedersehen sollte, am 30. März zog er in Brüssel ein. Er wurde mit großem Enthusiasmus »wie ein Heiland« empfangen, schrieb die in Brüssel lebende Mutter des Prinzen Eugen, da man sich von ihm das Ende der schweren Missstände erhoffte. Der größere Teil des Hofstaates und seiner politischen Mitarbeiter ging mit dem Kurfürsten nach Brüssel. Zwischen 4.500 und 7.000 Mann der bayerischen Armee dienten in den folgenden Jahren in den Niederlanden – einige Einheiten kämpften weiterhin in Italien, am Oberrhein und in Ungarn, ab 1695 auch in Katalonien. Zwar erhielt man für die Truppen Subsidien, doch verursachte die Hofhaltung des Landesherrn an der neuen Wirkungsstätte und die Kriegsführung dem bayerischen Steuerzahler in den nächsten Jahren hohe Kosten, zumal die Subsidien nur sehr stockend, größtenteils gar nicht eintrafen. Schon bei seiner Ankunft brachte der neue Statthalter eine Art Mitgift von 2 Millionen Gulden in den niederländischen Haushalt ein. In den nächsten Jahren musste die Münchner Regierung Monat für Monat 20.000 Gulden nach Brüssel überweisen. Es zeigten sich immer deutlicher die Folgen des mit dem Türkenkrieg begonnenen und durch den neuen Krieg und die Statthalterschaft verstärkten Primats der Außen- und Militärpolitik, der zweifellos Max Emanuels persönliche Disposition entsprach. Dies verleitete zu einem ausbeuterischfiskalischen Verhalten gegenüber dem Stammland Bayern, das für fast ein Jahrzehnt völlig Max Emanuels Blickfeld entschwand. Durch die Abwesenheit des Hofes gingen vor allem der Münchner Wirtschaft wesentliche Einkünfte verloren. Statt dessen floss ein Teil der ständig steigenden Steuern in die Niederlande. Die Statthalterschaft wurde daher in Bayern nicht als positive Errungenschaft betrachtet; es machte das bittere Wort die Runde, der Landesherr habe den Niederlanden sein Bayern eingebrockt.

STELLVERTRETER WILHELMS III.

Wilhelm III., als dessen militärischer Stellvertreter Max Emanuel fungierte, war ein sehr erfahrener und umsichtiger, doch wenig inspirierter Feldherr. Ihm stand mit Montmorency Duc de Luxembourg der letzte der großen Feldherren Ludwigs XIV. gegenüber. In Gegenwart seines Königs eroberte dieser im Juni 1692 Namurs, ohne daß Wilhelm III. zum Verdruss Max Emanuels einen Ersatzversuch wagte. Ein überfallartiger Angriff auf Luxembourgs Lager bei Steenkerken am 3. August endete mit einer Niederlage noch bevor Max Emanuel mit seinem Flügel eingreifen konnte.

Das nächste Jahr brachte am 28. Juli 1693 die mörderischste Schlacht des Pfälzischen Krieges, bei Landen und Neerwinden. Luxembourg griff mit 66.000 Mann die 50.000 Wilhelms an, die in einer überdehnten, unzureichend gedeckten Stellung standen und die Kleine Geete im Rücken hatten. Max Emanuel warnte vergeblich vor dem Risiko. Der französische Marschall zwang die Alliierten, ihre Reserven in Ortsgefechten zu verzetteln, bis er mit Übermacht im Zentrum durchbrechen konnte, eine Taktik, die schon die Führung der Schlacht von Höchstädt durch Marlborough vorwegnahm. Max Emanuel, der bis dahin mit dem rechten Flügel, gegen den sich stundenlang die Hauptangriffe der Franzosen gerichtet hatten, in schweren Abwehrkämpfen bravourös ausgehalten hatte, versuchte in Gegenattacken den Rückzug zu decken. Zum Glück war der Gegner zu erschöpft, um noch mit aller Macht nachzudrängen, so daß das Desaster sich in Grenzen hielt. Beide Seiten hatten jeweils um die 12.000 Tote und Verwundete verloren, die Alliierten außerdem noch Tausende von Gefangenen und zahlreiche Trophäen. Die strategischen Folgen der Niederlage waren nicht sehr bedeutend aber die Erfahrung veranlasste Wilhelm III. doch, in den nächsten Jahren einer Feldschlacht grundsätzlich auszuweichen.

Nach dem ereignisarmen Feldzug des Jahres 1694 nahmen sich die Alliierten für das folgende Jahr die Rückeroberung Namurs vor. Die von 15.000 Mann unter Marschall Boufflers überaus hartnäckig verteidigte Festung – Luxembourg war Anfang des Jahres gestorben – wurde Anfang Juli von Wilhelm III. und Max Emanuel mit 58.600 Mann belagert. Im August erschien eine Entsatzarmee unter Villeroy im Rücken der Alliierten und bedrohte Brüssel. Die Belagerung wurde von Wilhelm III. trotzdem fortgeführt, während Max Emanuel in die Hauptstadt eilte, die von den Franzosen vom 13.-15. August einem heftigen Terrorbombardement unterzogen wurde, das fast 4.000 Häuser in Trümmer legte. Der Statthalter leitete unter hohem persönlichen Einsatz die Löscharbeiten und die Hilfsmaßnahmen für die Betroffenen, womit er sich die allgemeine Achtung und Dankbarkeit der Brüsseler Bevölkerung erwarb. In der Folgezeit veranlaßte er großzügige Baumaßnahmen, um das Zentrum, vor allem den berühmten Marktplatz, in neuem Glanz wiedererstehen zu lassen, wovon man sich noch heute überzeugen kann.

Nachdem Villeroy abmarschiert war, ritt Max Emanuel nach Namur und übernahm mit 27.000 Mann die Belagerung der Zitadelle, auf die sich Boufflers zurückgezogen hatte, während Wilhelm III. ihm mit 100.000 Mann gegen Villeroys 120.000 abschirmte. Der Kurfürst hielt sich Tag und Nacht in den Laufgräben und Batterien auf, am 20. August ließ er stürmen, wobei Teilerfolge erzielt wurden, die Boufflers wenige Tage später zur Kapitulation veranlaßten. Die Belagerung hatte die Angreifer 18.000 Tote und Verwundete gekostet. »Viel Blut wurde vergossen«, schrieb Max Emanuel am 21. August seiner Frau, »aber ich kann mich damit trösten, daß es ein großer Sieg ist«

Die Feldzüge der nächsten beiden Jahre sahen keine neuen Höhepunkte, Mitte September 1697 wurden die Feindseligkeiten eingestellt, am 20. September war Frieden. Das Gesamtergebnis des Krieges, wie es im Frieden von Rijwijk festgeschrieben wurde, läßt sich am besten als unentschieden charakterisieren. Eine Allianz fast aller Mächte Mittel- und Westeuropas hatte in einem neunjährigen Krieg Ludwig XIV. an weiteren Eroberungen gehindert, ihm aber auch nichts von seinen bisherigen Errungenschaften mit Ausnahme von Luxemburg abzunehmen vermocht. Allerdings hatten die Franzosen die im Laufe des Krieges in den Niederlanden eroberten Festungen zu räumen. In diese sieben Festungen rückten gemäß einer in Oktober 1697 von Wilhelm III. und Max Emanuel getroffenen Abmachung mangels spanischer Truppen 8.000 Soldaten der Generalstaaten ein, um eine südliche Sicherheitszone gegen Frankreich zu schaffen, die sog. Barriere, die Max Emanuels Kommando als Statthalter unterstand. Dieser war wenig glücklich mit der Rolle als Unterführer im wahrsten Sinne des Wortes, die er in diesem Krieg gespielt hatte.

> *»Ich spiele hier eine Rolle, bei der ich ganz Europa als Zuschauer habe, und sie ist ärgerlich. Ich kann für den Rest dieser Campagne nichts tun, was meinem Ruhm irgendwelchen Glanz verleihen könnte, doch kann ich ihn offenen Auges ganz und gar verlieren…«*
>
> *Max Emanuel an seine zweite Gemahlin Theresia Kunigunde, 12. September 1696*

Zudem setzten ihm seit dem Sommer 1696 heftige Augenschmerzen zu, die allmählich zu einem sporadisch auftretenden chronischen Zucken wurden. Zeitweise konnte er kaum seinen Namen schreiben, ohne daß ihm das Blut in die Augen schoß.

Was den Kurfürsten während dieser Feldzüge zweifellos am meisten beeindruckte, waren die Leistungen des im Landkrieg geradezu unbesiegbar erscheinenden französischen Gegners, eine Erfahrung, die seine Haltung bei Ausbruch des nächsten Krieges verhängnisvoll beeinflussen sollte.

6 Die Statthalterschaft

Die Niederlande und ihre Bewohner mit ihrer großen künstlerischen Tradition und ihrer Weltoffenheit am Schnittpunkt zwischen Frankreich und den Seemächten waren Max Emanuels Naturell sehr viel kongenialer als das vergleichsweise bäuerische Bayern und seine wenig unternehmungslustige, schwerfällige Bevölkerung. Der neue Statthalter gewöhnte sich problemlos in Brüssel ein und bot der eingesessenen Elite schon bald eine glänzende Hofhaltung, wie man sie lange nicht mehr erlebt hatte. Den Palast von Caudenberg ließ er modern ausgestalten, in der Umgebung benutzte er die Schlösser Tervuren und Maiemont als Landsitze. In der Hauptstadt entwickelte sich ein reiches Musikleben, da der Kurfürst den größeren Teil seiner Hofmusik nach Brüssel mitgenommen hatte. Für den Kunstsammler Max Emanuel waren die Niederlande natürlich ein Dorado. Der größte Coup gelang ihm mit dem Erwerb von 101 bedeutenden Gemälden aus dem Besitz des Geisbert van Colen im Jahre 1698 für die Summe von 90.000 brabantischen Gulden, von denen freilich 1763 ein Drittel immer noch nicht bezahlt war.

Der großzügige, kultivierte und leutselige Statthalter erfreute sich sofort großer Beliebtheit. Mit der Zeit ergaben sich aber auch Probleme. Der niederländischen Bevölkerung fehlte naturgemäß eine ererbte Loyalität zur Dynastie. Max Emanuels soziale Offenheit wurde ihm vom standesbewußten niederländischen Adel verübelt. Die absolutistischen und merkantilistischen Tendenzen der neuen Regierung stießen beim Adel und bei den Zünften auf heftigen Widerstand, wenn sie Max Emanuel auch Sympathien beim Bürgertum verschafften. Die großen Projekte, die der Wirtschaft des Landes aufhelfen sollten und gewiß der Popularität des Statthalters zuträglich gewesen wären, scheiterten aus verschiedenen Gründen, für die Max Emanuel und sein leitender Minister Bergeyck nicht verantwortlich waren.

Die nördlichen Niederlande hatten in den Westfälischen Frieden 1648 die Bestimmung eingebracht, daß die Scheldemündung für Hochseeschiffe gesperrt und damit die große Handelsstadt Antwerpen faktisch stillgelegt und als Konkurrentin ausgeschaltet wird. Die südlichen Niederlande sahen sich in ihrem Seehandel stranguliert. 1698 nahm Max Emanuel ein großartiges Kanalprojekt in Angriff, das, von Ostende ausgehend, Sambre und Seune, Rhein und Maas miteinander verbinden und die Häfen von Antwerpen und Brügge reaktivieren sollte. Für April 1699 war der erste Spatenstich vorgesehen, doch die massive Intervention des nördlichen Nachbarn brachte das ganze Projekt zu Fall. Nicht besser erging es einem anderen gleichfalls im Jahr 1698 lancierten Vorhaben: Eine auf Ostende gestützte Ostindienkompanie sollte den Überseehandel und die Gründung von Kolonien fördern, doch beunruhigte dies die Seemächte und auch Spanien dermaßen, daß diese Pläne gleichfalls ergebnislos blieben.

Um der Wirtschaft aufzuhelfen betrieben Max Emanuel und Bergeyck die Gründung staatlicher Manufakturen und holten ausländische Kräfte ins Land. Beide Maßnahmen stießen jedoch auf den massiven Widerstand der Gilden und Kommunen, die um ihre Privilegien fürchteten und weder staatliche noch ausländische Konkurrenz wollten.

Im Frühjahr 1699 beschloß in Brüssel eine Wirtschaftskonferenz gegen den Willen Max Emanuels und Bergeycks radikale protektionistische Maßnahmenen. Infolge der Gegenaktionen der Seemächte kam es zu Rohstoffmangel, Teuerung und Arbeitslosigkeit, was zum Widerruf der Beschlüsse zwang. Die Unruhen wurden noch verstärkt durch eine Rebellion der Handwerksgilden gegen den Magistrat und die Stände. Ursache waren Privilegien, die der Magistrat den Gilden verheimlicht hatte. Diese sahen sich um ihr Mitspracherecht betrogen und revoltierten. Der Statthalter, der zunächst die Privilegienbriefe bestätigt hatte, sah sich unter dem Druck der Stände und des Madrider Staatsrats zu einem restriktiveren Kurs genötigt und im Dezember 1699 sogar bayerisches Militär in Brüssel einmarschieren zu lassen. Insgesamt hat Max Emanuel bei der Dämpfung der Brüsseler Unruhen in der Kombination von Härte und Milde beachtliches Geschick bewiesen. All diese Probleme traten jedoch alsbald in den Hintergrund, als am 1. November 1700 Karl II. von Spanien starb und die lange befürchtete bzw. erhoffte Erbfolgekrise akut wurde.

Huldigung der Künstlerschaft Antwerpens an Max Emanuel. Radierung des Gaspard Bouttats nach Gottfried Maes, 1693.

Die Allegorie bezieht sich auf ein Theaterstück, das die Schauspielschüler der St. Lukas-Künstler-Gilde anläßlich eines Besuches des neuen Statthalters aufgeführt hatten. Die Verkörperung der Bildhauerei arbeitet an einer Büste des Kurfürsten, die der Malerei ist dabei, den Ruhm des Türkensiegers zu verewigen. Links unten weist Apollo, der Schutzgott der Künste, die Stadtgöttin Antverpia auf den Hoffnungsträger hin.

JAN VAN BROUCHOVEN, GRAF VON BERGEYCK (1644–1725)

Der aus brabantischem Adel stammende Bergeyck, ein Sohn von Rubens' Witwe Helène Fourment aus zweiter Ehe, war der bedeutendste Minister Max Emanuels. 1688–1700 als Staats- und Finanzrat der Spanischen Niederlande, 1702–1706 als Generalschatzmeister. Max Emanuel schenkte ihm während seiner Statthalterschaft volles Vertrauen. Bergeyck setzte sich mit Nachdruck in Madrid für die bayerische Erbfolge und lebenslange Statthalterschaft Max Emanuels ein. Vor allem war er bestrebt, den für die Niederlande ruinösen Krieg möglichst bald zu beenden. Ganz im Sinn des Merkantilismus wollte er mit Unterstützung des Kurfürsten ein umfangreiches Reformprogramm durchführen, das ihn aber in Konflikt brachte einerseits mit den eigenen Ständevertretern, die um ihre Privilegien fürchteten, andererseits mit dem nördlichen Nachbarn, den Generalstaaten, die ein Erstarken der südniederländischen Konkurrenz zu unterdrücken wünschten und daher Bergeycks verkehrs- und handelspolitische Initiativen energisch bekämpften. Infolge der Brüsseler Unruhen des Jahres 1699 geriet der bei der nationalspanischen Partei am Madrider Hof unbeliebte Minister unter schwere Kritik. Max Emanuel sah sich gezwungen, ihn als Finanzrat zu entlassen, beließ ihn aber in seinen anderen Ämtern, so daß Bergeyck weiterhin der mächtigste Minister blieb. Er setzte seine Tätigkeit unter der spanisch-französischen Herrschaft fort und trat 1704, als Max Emanuel erneut in die Niederlande kam, diesmal als »Generalvikar«, wieder in dessen Dienst. Im Lauf der Jahre kam es aber zu einer Entfremdung zwischen den beiden Männern, da Bergeyck in Max Emanuels Augen alle Kompetenzen an sich zu reißen suchte. Zudem war der Minister zu dem Schluß gekommen, die Niederlande seien auf Dauer gegen die Seemächte nicht zu halten und sollten daher an die Generalstaaten verkauft werden, was den Interessen des Kurfürsten natürlich widersprach. Bergeyck avancierte zum wichtigsten politischen Mitarbeiter Philipps V. von Spanien und versuchte, eine eigenständige Position des spanischen Königs neben der des französischen Verbündeten durchzusetzen. 1711 schied Bergeyck endgültig aus Max Emanuels Diensten aus.

DIE HAUPTMAITRESSE: AGNÈS FRANÇOISE LELOUCHIER, GRÄFIN ARCO (UM 1660–1717)

Unter den zahlreichen Maitressen Max Emanuels ist Gräfin Arco die herausragende Persönlichkeit. Die bürgerliche Französin mit dem Geburtsnamen Lelouchier, die bereits auf eine Beziehung mit Ludwig XIV. zurückblickte, machte 1693 in Brüssel die Bekanntschaft des Kurfürsten und wurde seine Geliebte. Die schöne und geistreiche Frau war eine hervorragende Kunstkennerin. So vermittelte sie 1698 den Kontakt zu Max Emanuels wichtigstem Portraitmaler Joseph Vivien, 1705 zu dem Hoftapezierer Pierre-Germain Lallié und 1706 zu dem Architekten Germain Boffrand. Sie beeinflußte den Geschmack des Kurfürsten in die Richtung der neuesten französischen Mode und hat auch politisch im Sinn von Versailles auf ihn eingewirkt. Am 28. Mai 1695 gebar sie in Amsterdam einen Knaben, Maximilien-Emmanuel-François-Joseph, den der Kurfürst wenig später in Bayern als Chevalier de Bavière naturalisierte. Die Mutter war noch vor der Geburt durch eine Scheinehe mit dem kurfürstlichen Kammerherrn Ferdinand Graf von Arco versorgt und in den Adelsstand erhoben worden. Der »Gemahl« spielte seine Stellvertreterrolle bis zum bitteren Ende, indem er 1703 den Tod fand, als ein tirolischer Scharfschütze ihn im Gefecht an der Martinswand mit Max Emanuel verwechselte. Als der Kurfürst im Januar 1695 seine zweite Gemahlin Theresia Kunigunde nach Brüssel holte, erregte die Maitresse die heftige Eifersucht der jungen Kurfürstin. Die Arco lebte in den nächsten Jahren vornehmlich in Paris, wo sie vielfältige Aufträge für Max Emanuel erledigte. Als der Kurfürst 1701 nach Bayern zurückkehrte, folgte ihm die Favoritin trotz gegenteiliger Anweisung, doch veranlaßten sie die heftigen Konflikte mit Theresia Kunigunde, zeitweise an den Turiner Hof auszuweichen. Während der Exilszeit hielt sie sich meist in Paris auf, zumal sich im persönlichen Umfeld des Kurfürsten mit Mademoiselle de Montigny eine neue, jüngere Hauptmaitresse etabliert hatte. Die umfangreiche Korrespondenz zwischen dem Kurfürsten und der Gräfin zeigt, daß diese für ihn weit mehr als eine Geliebte, daß sie ihm Vertraute und Seelengefährtin war und blieb.

SCHÖN, ABER EIGENWILLIG: DIE ZWEITE GEMAHLIN THERESIA KUNIGUNDE KAROLINA SOBIESKA (1676–1730)

Nach dem Tod Maria Antonias bildete die Wiederverheiratung des Kurfürsten in den nächsten beiden Jahren ein vieldiskutiertes Problem. 67 Kandidatinnen wurden in Erwägung gezogen. Allgemein favorisiert wurde schließlich die 1676 geborene polnische Prinzessin Theresia Kunigunde, eine Tochter König Johanns III. Sobieski, des Befreiers von Wien, und der aus Frankreich stammenden Maria Kasmira de la Grange d'Arquien. Dem Kaiser war diese Lösung besonders sympathisch, weil er hoffte, Max Emanuel werde durch sie auf den Weg der polnischen Thronkandidatur gebracht und in der spanischen Frage unschädlich gemacht, wobei das Eheprojekt auch in Madrid Unterstützung fand. Für Theresia Kunigunde sprach auch die hohe Mitgift von 500.000 Gulden sowie ihre Schönheit, denn der Kurfürst wollte nicht wieder eine unattraktive Gemahlin an seiner Seite haben. Diese Argumente waren stärker als die dynastischen Bedenken wegen der nicht ganz ebenbürtigen Abstammung der Prinzessin als Tochter eines Wahlkönigs. Aus der Verbindung ließen sich daher keine erbrechtlichen Perspektiven ableiten.

Die prokuratorische Eheschließung fand am 19. August 1694 in Warschau statt, am 1. Januar 1695 trafen sich die Ehepartner bei Wesel im brandenburgischen Herzogtum Kleve zum ersten Mal. Am 2. Januar wurde in Wesel die Hochzeit gefeiert. Begeistert schrieb Max Emanuel seinem Schwiegervater am 5. Januar: »Um alles in einem Worte auszudrücken – sie ist die würdige Tochter eines großen Königs, den ich stets mit so vollkommener Verehrung betrachtete, daß ich in allem mein größtes Glück sah, was mich mit ihm in Verbindung brachte: nun stehe ich also auf dem Gipfel meiner Wünsche.«

Max Emanuel hielt es jedoch nicht für angemessen, Festlichkeiten in einer Größenordnung zu veranstalten, wie einst bei der Hochzeit mit Maria Antonia.

Es folgten Monate des privaten Eheglücks, denn Max Emanuel fühlte sich von seiner neuen Gemahlin in Bann geschlagen, wie die glühenden Liebesbriefe zeigen, die er ihr schrieb. Die Treue gehalten hat er ihr dennoch nicht, was zu zahlreichen Eifersuchtsdramen und sogar Scheidungsdrohungen der Gemahlin führte, denn Theresia Kunigunde war eine selbstbewußte, ja eigenwillige Dame. Mit den deutschen Hofsitten wollte sie sich überhaupt nicht anfreunden und entzog sich ihnen, wo sie nur konnte. Der Ehe entsprossen in den nächsten Jahren eine Tochter und fünf Söhne, welche die Kindheit überlebten, außerdem vier Söhne, die bei der Geburt oder in den ersten Lebensjahren starben.

1696 verschied Johann Sobieski. Wie zu erwarten, wurde Max Emanuel als Favorit bei der anstehenden Königswahl gehandelt, wobei er die kräftige Unterstützung seiner Schwiegermutter fand. Die Hilfe der Königinwitwe war nicht nur von Vorteil, da sie und ihr Sohn bei einem Großteil des polnischen Adels höchst unbeliebt waren. Diese Tatsache vertraute Max Emanuel in einem Brief vom 17. Juli 1697 seiner Frau ganz unverhohlen an: »Es gab Senatoren, die mit unverschämter Offenheit erklärten, ich sei gerade der richtige Mann, den sie zum Könige bräuchten, wenn ich nur nicht mit der Tochter des letzten Königs verheiratet wäre; in dieser Richtung agierte vor allem der ruchlose Bischof von Plozko, der es sich zur Lebensaufgabe machte, Haß und Widerwillen gegen die königliche Familie und in natürlicher Konsequenz auch gegen mich zu schüren.«

Die Querelen und Intrigen, in die sich der Kurfürst verwickelt sah, waren ihm eine Warnung, sich auf das polnische Abenteuer einzulassen. So lehnte er auf Anraten Prielmairs eine Kandidatur ab. Er verspürte wenig Neigung, seinen Regierungssitz in ein kulturell rückständiges Land zu verlegen und sich mit dem widersetzlichen polnischen Adel und der aus seiner Sicht chaotischen Verfassung des Staatswesens herumzuschlagen. Auch wollte er sich auf die ungleich bedeutendere Option, das spanische Erbe, konzentrieren. Zudem handelte es sich um die Krone einer Wahlmonarchie, die seiner Dynastie keine dauerhafte Aufwertung gebracht hätte. Er überließ damit anderen Bewerbern das Feld, von denen schließlich der zum katholischen Glauben konvertierte sächsische Kurfürst August der Starke, der Kandidat des Kaisers, dank enormer Bestechungsgelder das Rennen machte.

Am 22. März 1701, fast auf den Tag genau neun Jahre nach seinem Einzug in Brüssel, verließ der Kurfürst die Hauptstadt mit Theresia Kunigunde und den in den Niederlanden geborenen Kindern, die alle Bayern noch nie gesehen hatten und begab sich in die Stammlande. Mit großen Ängsten beobachtete die Kurfürstin in den nächsten Jahren die waghalsige Politik ihres Gatten. Die Katastrophe von Höchstädt hatte auch für das Familienleben gravierende Folgen. Mit Vollmacht vom 17. August übertrug Max Emanuel Theresia Kunigunde die Regentschaft und beauftragte sie, Ingolstadt und andere Plätze zu halten und mit dem im Land verbleibenden größeren Teil der bayerischen Truppen durchzuhalten, bis die Franzosen vom Rhein her oder aus Oberitalien nach Bayern vorstießen. Die Trennung versüßte er ihr mit der Versicherung, er zöge den Tod einem Leben ohne sie vor. Theresia Kunigunde, die wieder ein Kind erwartete, hat es ihrem Gemahl nie verziehen, daß er sie und die Familie in Bayern zurückließ. Als sie im Winter ihm nachreisen wollte, wurde dieses Ansinnen abgelehnt. Die politischen Argumente, die für dieses harte Verhalten sprachen, waren freilich stichhaltig. In Abwesenheit des Landesherrn mußte die Präsenz der Dynastie in München unbedingt aufrechterhalten werden. Die Reichskriegserklärung galt Max Emanuel persönlich. Indem sie es nun mit der Kurfürstin zu tun hatten, waren die Kaiserlichen in ihrem zu erwartenden strengen Vorgehen gegen Bayern gehemmt. Die Trennung Max Emanuels von Frau und Kindern sollte fast elf Jahre dauern, bis zu seiner Rückkehr aus dem Exil im April 1715.

Die verzweifelte Kurfürstin, die sich von den Ständen im Stich gelassen sah, richtete an ihren Gemahl im fernen Brüssel einen langen Fragenkatalog. Dann aber tat sie gegen den Willen ihrer Räte und zum Entsetzen Max Emanuels einen folgenschweren Schritt. Am 16. Februar 1705 verließ sie Bayern, um ihre Mutter in Venedig zu besuchen, wobei sie ihre Kinder einschließlich des am 21. Dezember 1704 geborenen Max Emanuel Thomas in München zurückließ. Als sie im Herbst zurückkehren wollte, verweigerten ihr die Kaiserlichen den Einlaß. Mit der Abreise Theresia Kunigundes war das Rentamt München herrenlos, die kurfürstliche Familie dreigeteilt – Max Emanuel in Brüssel, Theresia Kunigunde in Italien, die Kinder in München, das sich seit dem Frühjahr in kaiserlicher Hand befand.

Nachdem Theresia Kunigunde nicht mehr in München weilte und die Regentschaft führen konnte, hätte es der französische Hof gerne gesehen, wenn Max Emanuel an der Seite seiner Gemahlin residiert hätte. Verschiedene französische Städte wurden als Aufenthaltsorte für die Kurfürstin vorgeschlagen. Max Emanuel entschied sich schließlich für Dijon, doch Theresia Kunigunde zog es vor, in Venedig zu bleiben. Abgesehen von ihrer Vorliebe für Italien, war sie so verschuldet, daß sie weder ihre Miete begleichen noch die Reise hätte bezahlen können.

Während der langen Jahre in Venedig lernte die musikbegeisterte Theresia Kunigunde den Komponisten Antonio Vivaldi kennen und empfahl ihn ihrem Gemahl, doch scheiterte seine Anstellung an einer fehlenden Stelle.

Schon bald nachdem es im April 1715 zur Wiedervereinigung der kurfürstlichen Familie gekommen war, verließ die durch die Maitressenwirtschaft erboste Theresia Kunigunde den Hof bis auf seltene Anlässe und lebte zurückgezogen in der Blutenburg (München-Menzing), in Schloß Friedberg bei Augsburg und im Schloß Dachau. Affären, die man ihr im 19. Jahrhundert andichtete – so soll sie mit ihrem Beichtvater einen Sohn gehabt haben –, entbehren jeder Grundlage. Nach Max Emanuels Tod zog sie wieder in ihr geliebtes Venedig, wo sie 1730 starb. Ihr Leichnam wurde in die Gruft der Theatinerkirche überführt.

Das spanische Erbe

Nachdem feststand, daß der schwerkranke König Karl II. von Spanien ohne Nachkommen sterben und mit ihm die Linie der Spanischen Habsburger erlöschen würde, kamen als Erben die Abkömmlinge der beiden Schwestern des Königs infrage. Maria Theresia, die ältere, hatte 1660 König Ludwig XIV. von Frankreich geheiratet, dabei aber auf ihre Erbansprüche verzichten müssen. Zwar fühlte sich Ludwig an diese Abmachung nicht gebunden, da die Mitgift nicht ausbezahlt worden war. Für Spanien war aber die testamentarische Regelung Philipps IV., dem Vater von Karl II. und seinen Schwestern, ausschlaggebend; am Ausschluß der älteren Tochter wurde festgehalten. Auch erschien die Vererbung an eine Macht, von der man seit Jahrzehnten unentwegt angegriffen wurde, wenig passend. Nachdem die bourbonische Möglichkeit ausschied, ergaben sich die besten Ansprüche aus der Ehe der jüngeren Schwester Margarete Theresia, die Kaiser Leopold I. aus der österreichischen Linie der Habsburger geehelicht hatte. Nur ein Kind überlebte aus dieser Verbindung, Maria Antonia, die erste Gemahlin Max Emanuels. Deren einziger Sohn Joseph Ferdinand war nach spanischer Auffassung ungeachtet des Verzichts der Eltern, der ihnen von Leopold aufgezwungen worden war, der rechtmäßige Erbe. Leopold I. besaß zwar aus seiner dritten Ehe mit Eleonore Magdalene von Pfalz-Neuburg zwei Söhne, doch waren sie mit der spanischen Linie nur durch Leopolds Mutter Maria Anna verbunden und standen daher hinter seinem bayerischen Enkel Joseph Ferdinand zurück, der in direkter Linie von Philipp IV. abstammte. Zu betonen ist, daß sich die bayerisch-wittelsbachischen Ansprüche einzig und allein von der Ehe Max Emanuels und der Habsburgerin Maria Antonia herleiteten und nach deren frühem Tod ausschließlich auf den einzigen Sohn aus dieser Ehe Joseph Ferdinand übergegangen waren. Die Nachkommen des Kurfürsten aus seiner zweiten Ehe mit Theresia Kunigunde Sobieska hatten mit den Spanischen Habsburgern nichts zu tun.

Das Hauptproblem des spanischen Erbes war sein schierer Umfang. Es war ein Weltreich, »in dem die Sonne nicht unterging«. Zu ihm gehörten außer Spanien selbst mit seinen Teilkönigreichen Kastilien, Aragón und Navarra als »Nebenländer« die Spanischen Niederlande (das heutige Belgien und Luxemburg), etwa die Hälfte Italiens (Herzogtum Mailand, die Königreiche Neapel-Sizilien und das Königreich Sardinien) und ein riesiger Kolonialbesitz in Amerika (Vizekönigreiche Neuspanien und Peru, die mit Ausnahme Brasiliens fast ganz Lateinamerika einschließlich des südwestlichen Nordamerika und Floridas, umfaßten), sowie Kuba und Santo Domingo und im pazifischen Raum vor allem die Philippinen. Bei der Bewertung dieser Gebiete darf man keine modernen Maßstäbe anlegen. Relativ kleinen europäischen Gebieten wie den Niederlanden und Mailand wurde aus strategischen und historischen Gründen ein ungleich höherer Wert beigemessen als großflächigem, doch weit entlegenem, wenig erschlossenem, der europäischen Öffentlichkeit kaum bekanntem, daher weniger prestigeträchtigem und zudem schwer gegen die anderen Seemächte zu verteidigendem Kolonialbesitz. Ausnahmen waren nur die karibischen Inseln wegen ihrer lukrativen Zuckerrohrplantagen und die Silberbergwerke im Andengebiet.

Das Problem wurde noch dadurch verschärft, daß seine einfachste Lösung, nämlich eine Aufteilung des Erbes, von Spanien kategorisch ausgeschlossen wurde. Sollte nun das ganze Weltreich an die Österreichischen Habsburger fallen, dann würde das bedeuten, daß das Imperium Karls V. wiedererstand, für Frankreich eine Schrekkensvision, für die Seemächte England und Holland, die keine Hegemonialmacht auf dem Kontinent wünschten, gleichfalls eine wenig attraktive Lösung. Das spanische Reich jedoch mit der aggressiven Monarchie Ludwigs XIV. zu verbinden und damit eine unilaterale Supermacht zu schaffen, war weder für den Kaiser noch für die Seemächte akzeptabel. Die beiden konkurrierenden Dynastien versuchten, diesen Ängsten Rechnung zu tragen, indem sie keine Personalunion des französischen Königtums bzw. der österreichisch-habsburgischen Kronen mit der spanischen Monarchie anstrebten, sondern das Erbe für jüngere Mitglieder des Hauses beanspruchten: Ludwig XIV. für seinen zweitältesten Enkel Philipp von Anjou, einen Neffen Max Emanuels, Leopold I. für seinen jüngeren Sohn Karl. Diese würden dann eine unabhängige spanische Linie ihres jeweiligen Hauses begründen, eine Lösung, in deren Ernsthaftigkeit und Dauer weder die Gegenseite noch die Seemächte großes Vertrauen setzten. In dieser Situation erschien die bayerische Alternative als idealer Kompromiß, indem sie das spanische Weltreich lediglich mit einer Macht mittlerer Größenordnung verband, was das europäische Gleichgewicht, an dessen Erhalt den Seemächten so viel lag, um ungestört Meere und Kolonien beherrschen zu können, nicht gefährdete. Es war die einzige Möglichkeit, den allgemein befürchteten Erbfolgekrieg zu verhindern.

Die Auseinandersetzung zwischen den konkurrierenden Erben hatte am Madrider Hof zwei Parteien entstehen lassen, die mit allen Mitteln versuchten, dem unglückseligen Karl II. ihr Lösungsmodell aufzudrängen. Die eine Partei war die »deutsche« oder »kaiserliche«, die das ganze Erbe für Erzherzog Karl und die Österreichischen Habsburger sichern wollte. Haupt dieser Fraktion war eine Wittelsbacherin, die pfalz-neuburgische zweite Gemahlin Karls II. und Schwägerin des Kaisers, Maria Anna von der Pfalz. Die für die Rechte Joseph Ferdinands eintretende zweite Partei wurde von einer Habsburgerin geführt, der einflussreichen Mutter Karls II., Maria Anna von Österreich. Als diese 1696 starb, war das ein schwerer Schlag für die Sache Max Emanuels, doch fand er weiterhin gewichtige Fürsprecher unter den spanischen Ministern, vor allem von Kardinal Portocarrero; auch der Papst machte seinen Einfluss in dieser Richtung geltend.

Aber es gab auch Bestrebungen, das Problem über die Köpfe der Spanier hinweg zu regeln. Nach Beendigung des Pfälzischen Erbfolgekrieges traten Wilhelm III. und Ludwig XIV. in Kontakt, um ihrerseits eine friedensichernde Lösung zu finden. In einem Geheimvertrag vom 11. Oktober 1698 einigte man sich darauf, daß Joseph Ferdinand den Löwenanteil bekommen sollte, doch waren die Gebiete in Italien für die bourbonische und die habsburgische Seite vorgesehen. Die Spanier waren freilich keineswegs damit einverstanden, daß man, ohne sie zu fragen, über die Zukunft ihres Reiches verfügte, zumal die Regelung auf eine Dreiteilung des Erbes hinauslief. Die Antwort war ein Testament Karls II., das er am 14. November 1698 dem Staatssekretär in Gegenwart von sieben Zeugen überreichte. Es war ein offenes Geheimnis, daß das auf den 11. November datierte Dokument die Bestimmung Joseph Ferdinands zum Alleinerben enthielt, wie es sich später auch bestätigt hat. Während die Seemächte mit der bayerischen Lösung völlig einverstanden waren, drohte von Seiten des Kaisers als auch Ludwigs XIV. Widerstand. Da aber Beide mit einer geschlossenen Front der übrigen europäischen Staaten und vor allem der Seemächte rechnen mußten, war der Erbfall ohne kriegerische Verwicklungen vor sich gegangen. Somit stand das Haus Wittelsbach in der Tat an der Schwelle zur Weltmacht. Vieles war zwar den Umständen zu verdanken, doch hatte Max Emanuel im Verfolgen seiner großen dynastischen Chance eine glückliche Verbindung von Zähigkeit und Zurückhaltung, Vorsicht und Zupacken gezeigt, hatte weitsichtig die Situation reifen lassen, hatte sich zu gegebener Zeit in Erinnerung gebracht, ohne die Dinge aufdringlich zu forcieren.

»Der Moment, meinen Sohn, den Kurprinzen zu sehen, ist so lange Zeit einer meiner sehnlichsten Wünsche gewesen, daß ich ihn ohne Einschränkung genießen will. Das einzige Mittel hierfür scheint mir darin zu bestehen, meinen Sohn ohne Gegenwart von Zeugen zu treffen und den ersten Bewegungen eines väterlichen Herzens freien Lauf zu lassen und mich einem so lieben Kind widmen zu können, ohne Rücksicht auf Zuschauer nehmen zu müssen; es gibt nichts, was mehr recht und billig ist, als daß

ich einen solchen Moment ganz für mich allein habe und nicht, um anderen eine Szene vorzuspielen. Aus diesem Grunde bin ich nach Tournhaut abgereist, ohne irgend jemandem davon zu erzählen, und verbitte mir absolut, daß irgend eine Person meines Hofes oder sonst jemand mir heute folgen. Morgen Mittag kann alle Welt sich nach Tournhaut begeben, wo ich dann gerne mit allen meine Freude teilen werde, die Anteil nehmen an den Ereignissen, die mich betreffen.«

Anweisung Max Emanuels an seinen Hof vor seinem ersten Treffen mit Joseph Ferdinand, Herentaels, 22. Mai 1698

»NICHTS IST MEHR SO, WIE ES VORHER WAR«

Max Emanuel, der seinem kaiserlichen Schwiegervater zutiefst mistraute, hatte seinen Sohn nach Maria Antonias Tod möglichst bald von Wien nach München bringen lassen. Obwohl auf seine Gesundheit größte Acht gegeben wurde, erkrankte das Kind mehrmals besorgniserregend. Im Mai 1698 trat der Prinz die Reise nach Brüssel an, sehr zum Kummer der Münchner, die nun den letzten Rest des Hoflebens in die Niederlande entschwinden und sich selbst zur Provinz degradiert sahen. Mitte Januar 1699, zwei Monate nachdem ihn Karl II. zum Nachfolger bestimmt und zum Prinzen von Asturien ernannt hatte, und während man Vorbereitungen traf, ihn nach Spanien zu bringen, zeigte Joseph Ferdinand erneut Symptome einer ernsthaften Erkrankung. Trotz verzweifelter, wenn auch nach heutigen Erkenntnissen nicht immer glücklichen ärztlichen Bemühungen verschlechterte sich der Zustand des Prinzen unaufhaltsam.

»Das Kind wollte sich offensichtlich anstrengen zu zeigen, daß es nicht leide, damit es seinen Vater tröste, der, nachdem er mit den Tränen in den Augen hinausgegangen war, mich bat, weiter mit dem Kind zu spielen. Ich machte noch ein bißchen weiter, aber, weil es so litt, konnte ich es nicht mehr länger und bin weggegangen.«

Eugène Jean Philippe, Comte de Merode-Westerloo (1674–1732), Mémoires, Brüssel 1840, Bd. 1, S. 163 f.

Kurprinz Joseph Ferdinand als Erbe des spanischen Weltreichs. Pastellgemälde von Joseph Viviens, Brüssel um 1698.

Unter schweren Krämpfen verschied Max Emanuels Hoffnungsträger am 6. Februar 1699 gegen 1 Uhr 30 morgens, 19 Monate früher als der Erblasser Karl II.. Max Emanuel brach am Totenbett zusammen. Drei Tage später wurde der Prinz von Asturien in einem Zinnsarg unter der Sakramentskapelle der Brüsseler Sankt-Gudula-Kirche beigesetzt. Wahrscheinlich war er einer von einer latent-chronischen Gallenblasenentzündung ausgelösten Infektion zum Opfer gefallen. Bald in Umlauf kommende Gerüchte, er sei vergiftet worden, entbehren jeglichen Anhalts, wenn auch Max Emanuel in seiner Verzweiflung zeitweise den Mordtheorien einige Wahrscheinlichkeit zugebilligt hat und durch sie in seinem antihabsburgischen Ressentiment bestärkt wurde.

Die Nachricht vom Tod Joseph Ferdinands löste in der diplomatischen Welt einen Schock aus, denn mit einem Schlag waren die Hoffnungen, eine friedliche Lösung des Konflikts gefunden zu haben, zerstört. »Nichts ist mehr so, wie es vorher war«, stellte Wilhelm III. resigniert fest. Sein Gleichgewichtsmodell lag in Trümmern.

Für niemand war der Tod des Prinzen niederschmetternder als für den Vater. Es war der erste der beiden Schicksalsschläge im Leben des Kurfürsten, die darüber entschieden, ob er als erfolgreicher, weitblickender Staatsmann oder als glückloser Hasardeur, als Verlierer in die Geschichte eingehen sollte. Man darf Karl Otmar von Aretin zustimmen, wenn er schreibt: »Wäre anstelle seines Sohnes Max Emanuel an diesem 6. Februar 1699 gestorben, er wäre als einer der Großen in die bayerische Geschichte eingegangen.«

8 Die Krise

Der Tod Joseph Ferdinands bildet den tiefsten Einschnitt im Leben Max Emanuels und zugleich war er ein Wendepunkt in der Geschichte Europas. Von nun an trieben die Dinge fast unaufhaltsam auf einen Krieg zu, den die Diplomaten aller Länder seit vielen Jahren zu verhindern bemüht waren. Für den Kurfürsten kam es jetzt darauf an, die richtige Seite zu wählen. Denn obgleich er natürlich wußte, daß die Vision vom spanischen Weltreich in wittelsbachischer Hand unwiederbringlich dahin war, zeigte er sich weiterhin mit unbeirrbarer Hartnäckigkeit und großem Erfindungsreichtum entschlossen, doch noch in irgendeiner Form territorialen Gewinn und Rangerhöhung für sein Haus zu erzielen. Zweifellos war er von einem Gefühl historischer Verpflichtung, ja Sendungsbewußtsein erfüllt, die spanische Erbfolgekrise nicht ungenutzt vorübergehen lassen zu dürfen. In den Mitteln war der Kurfürst äußerst beweglich – Bündnisverträge, angedrohte und offene Gewalt, Tausch –, nicht aber in der grundsätzlichen Zielsetzung. Die wichtigsten Trümpfe, die er bei diesem Spiel um Landerwerb und Rangerhöhung in der Hand hielt, waren die für den Kaiser und die süddeutschen Reichskreise bedrohliche geostrategische Lage seines Landes, sein persönlicher Ruf als Feldherr und die Stärke seiner Armee. In der nach dem Tod Karls II. zu erwartenden internationalen Auseinandersetzung konnte Max Emanuel seine aus den genannten Gründen recht gewichtige Bundesgenossenschaft dem Meistbietenden antragen und durch dosierte Gewaltanwendung versuchen, den Preis für Bündnistreue oder Bündniswechsel hochzutreiben. Die Politik wurde zum Pokerspiel – mit Bayern als Einsatz.

DER FRIEDEN STIRBT

Mit dem Tod des Kompromißkandidaten waren die Hoffnungen auf eine friedliche Lösung drastisch reduziert worden, doch unternahm man weiterhin Versuche, einen Krieg zu verhindern. Im März 1700 brachte Wilhelm III. sogar Max Emanuel als möglichen Haupterben ins Spiel. Aber es war ausgeschlossen, hierfür die Zustimmung des Kaisers oder der Spanier zu finden, da die rechtliche Basis verloren war. Ein weiterer Versuch bzw. Teilungsvertrag zwischen Wilhelm und Ludwig hätte den Habsburgern den größten Teil des Erbes zuerkannt, aber diese wollten alles, und die Spanier beharrten auf dem Unteilbarkeitsprinzip. Wieder reagierte Karl II., indem er am 2. Oktober ein geheimes Testament verfaßte, in dem er das gesamte Erbe dem zweitältesten Enkel Ludwigs XIV., dem 17-jährigen Philipp von Anjou, vermachte. Dies geschah vor allem in der Annahme, der mächtige Nachbar werde am besten in der Lage sein, das ungeteilte Erbe zu verteidigen. Sollten die Bourbonen ablehnen, würde das gesamte Erbe an die Österreichischen Habsburger gehen. Ludwig XIV. blieb gar keine andere Wahl als die Annahme des Testaments. Dies tat er denn auch am 16. November 1700 und stellte seinen Enkel dem Hof als Philipp V. von Spanien vor, denn inzwischen, am 1. November, war Karl II. gestorben.

Der Kaiser reagierte mit Empörung und verweigerte dem Testament die Anerkennung. Man war in Wien zuversichtlich, durch entschlossenes Handeln die noch zögernden Seemächte und die meisten Reichsstände mit in den Krieg ziehen zu können und bereitete für das Frühjahr 1701 eine Offensive gegen das von Philipp V. mittlerweile in Besitz genommene Herzogtum Mailand vor.

Auch Ludwig XIV. tat im Winter 1700/1701 einige Schritte, die Europa noch näher an den Rand des Kriegs führten, indem er handelspolitische Maßnahmen der Spanier initiierte, durch welche die Seemächte gegenüber Frankreich benachteiligt wurden, und indem er das Nachfolgerecht der Nachkommen Philipps V. in Frankreich anerkannte. Beides schien die Befürchtungen zu bestätigen, trotz aller gegenteiligen Beteuerungen werde es doch zu einer faktischen Vereinigung Frankreichs und Spaniens kommen. Im Februar 1701 holte Ludwig zum Schlag gegen die Spanischen Niederlande aus: Im Namen Philipps V. sollten sie von französischen Truppen besetzt werden, was aber die Beseitigung der holländischen Garnisonen in den Barrierefestungen voraussetzte. Damit wurde Max Emanuel als Statthalter ganz unmittelbar in die Ereignisse verwickelt.

Max Emanuel wollte es sich mit den Seemächten nicht verderben, stand aber gleichzeitig unter Druck, als Statthalter mit

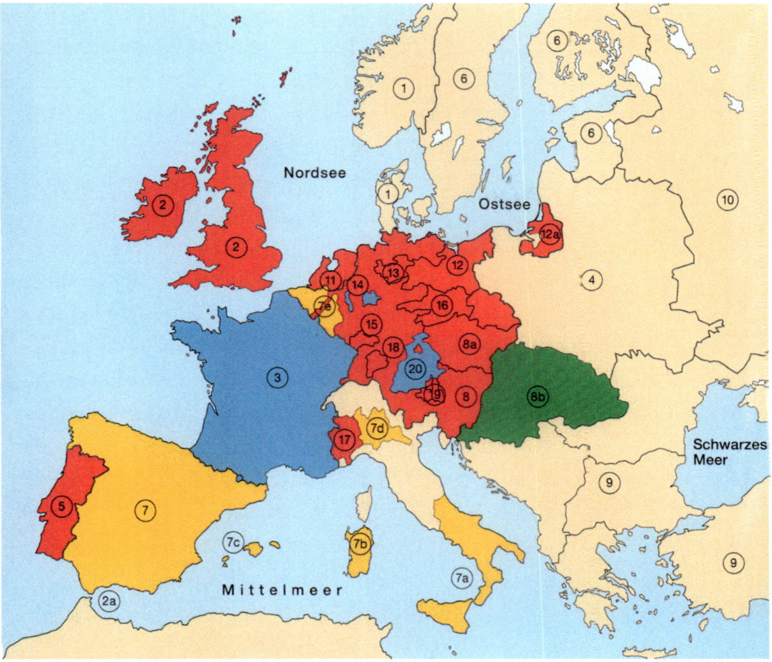

Große Allianz

Frankreich und Verbündete

Königreich Ungarn, zu Österreich gehörig, aber im Aufstand befindlich

Spanisches Reich

Übrige

(1) Königreich Dänemark

(2) Königreich England und in Personalunion verbundenes Königreich Schottland

(2a) Gibraltar (seit Juli 1704 besetzt)

(3) Königreich Frankreich

(4) Königreich Polen

(5) Königreich Portugal

(6) Königreich Schweden

(7) Königreich Spanien mit Nebenländern
7a Königreich Neapel-Sizilien
7b Königreich Sardinien
7c Balearen, Mallorca, Menorca
7d Herzogtum Mailand
7e Spanische Niederlande

(8) Österreich
8 Erzherzogtum Österreich
8a Königreich Böhmen
8b Königreich Ungarn

(9) Osmanisches Reich

(10) Russland

(11) Generalstaaten

(12) Kurfürstentum Brandenburg
12a Königreich Preußen

(13) Kurfürstentum Hannover

(14) Kurfürstentum Köln (von Alliierten besetzt)

(15) Kurpfalz

(16) Kurfürstentum Sachsen

(17) Herzogtum Savoyen

(18) Herzogtum Württemberg

(19) Fürsterzbistum Salzburg

(20) Kurfürstentum Bayern

Spanisches Erbe und Bündniskonstellation im Spanischen Erbfolgekrieg, Situation am Anfang des Jahres 1704. Spanien war mit Frankreich verbündet, wurde aber durch einen Bürgerkrieg mit der habsburgtreuen Minderheit paralysiert.

dem neuen spanischen König zusammenzuarbeiten, der zudem sein Neffe war. Am 20. November 1700 erkannte er diesen in seiner Würde an, wie das auch alle anderen Statthalter und Vizekönige pflichtgemäß taten. Am 23. Januar 1701 informierten ihn die Franzosen über ihre Absicht, die Barrierefestungen wegzunehmen. Da dies im Einklang mit dem Willen des neuen Königs geschah, kooperierte Max Emanuel, doch sorgte er dafür, daß die Generalstaaten sofort von den französischen Plänen erfuhren. Er war bemüht, sich beiden Seiten gegenüber loyal zu verhalten. In Anbetracht seiner Zwangslage wurde dies auch anerkannt. Glücklicherweise lief die Aktion unblutig ab.

Da der Krieg auf diese Weise offensichtlich immer näher rückte, begann man sich von allen Seiten um die Bundesgenossenschaft Max Emanuels zu bemühen. Ludwig XIV. hatte schon während des Pfälzischen Erbfolgekrieges wiederholt seine Fühler ausgestreckt, doch waren seine Versuche aussichtslos gewesen, so lange es für den Kurfürsten die Option auf das spanische Erbe gab, die ihn fest an die (spanisch-) habsburgische, vor allem die seemächtliche Seite band. Anfang März bot ihm der Kaiser für seine militärische Gefolgschaft die lebenslange Statthalterschaft in den Niederlanden an (über die er gar nicht verfügte). Das war entschieden zu wenig und der Kurfürst schloß gleich darauf mit Ludwig XIV. einen Neutralitätsvertrag. Mit diesem Abkommen begann eine Entwicklung, die Max Emanuel schließlich zur Kriegsteilnahme auf französisch-spanischer Seite führen sollte. Freilich konnte man seinen territorialen Kernanliegen, vor allem dem Wunsch, die Niederlande zum souveränen Besitz zu erhalten, in Versailles und Madrid nicht nachkommen, da Philipp V. damit gegen die Unversehrtheit des spanischen Reiches verstoßen hätte, der wichtigsten Erwartung, welche die Spanier an seine Herrschaft knüpften. Dies sollte ein Dauerproblem bei den Verhandlungen der nächsten Jahre bleiben.

In dem Neutralitätsvertrag wurden territoriale Fragen völlig ausgeklammert. Er bestimmte, daß Max Emanuel die Interessen Philipps V. wahren, im Kriegsfall auf seiner Seite stehen und keinem Reichskrieg gegen Frankreich und Spanien zustimmen solle. Dafür erhielt er beträchtliche Zahlungen für seine Armee.

ZURÜCK NACH MÜNCHEN

Das Aktionsfeld der Armee sollte nicht mehr in den Niederlanden liegen, sondern in Süddeutschland, um dort im Kriegsfall die Kräfte von Kaiser und Reich zu binden. Damit er die nötigen Vorbereitungen treffen konnte, sollte Max Emanuel sich nach Bayern begeben. Er blieb im Prinzip Statthalter, wurde von dem spanischen Marquis von Bedmar vertreten, während die tatsächliche Regierung in den Händen Graf Bergeycks blieb. Im April traf der Kurfürst in Bayern ein, am 22. Mai 1701 hielt er feierlichen Einzug in seine angestammte Hauptstadt.

Neben den Verhandlungen mit den potentiellen Bündnispartnern und den sich bildenden Kreisassoziationen im noch neutralen Reich waren es vor allem zwei Dinge, mit denen sich Max Emanuel nun in Bayern mit Feuereifer beschäftigte: Die Aufstellung einer Streitmacht, größer als sie Bayern je besessen hatte, und – der Schlösserbau. Kaum in Bayern angekommen, legte der Kurfürst schon am 14. April 1701 den Grundstein zum Neuen Schloß Schleißheim.

Es ist klar, daß Max Emanuel mit dieser hektischen Bautätigkeit den Anspruch der Bayerischen Wittelsbacher auf Großmachtstellung und königlichen Rang demonstrieren wollte. So spielten sich die persönlich geführten Bündnisverhandlungen der Jahre 1701 und 1702 hauptsächlich in Schleißheim ab, wo die Gesandten den emporwachsenden Riesenbau vor Augen hatten. Von einem streng zweckorientierten Einsatz seiner Mittel wird man in dieser Zeit schwerlich sprechen können. Angesichts der politischen und militärischen Alles-oder-Nichts-Situation, die Max Emanuel 1701 heraufzubeschwören im Begriff war, hätte er die Gelder, die er aus Frankreich und Spanien erhielt, einzig und allein auf die Armee konzentrieren müssen, wofür sie ja auch bestimmt waren. Schlösser mochten Eindruck machen und Ansprüche signalisieren, aber sie konnten keine Niederlagen ausgleichen und waren keine Trümpfe am Verhandlungstisch. Hier liegt neben dem Imponiergehabe ein rational nicht zu faßender Gestaltungstrieb und ein Wille zur Selbstmonumentalisierung für Gegenwart und Nachwelt vor, wie Max Emanuel selbst seinen Schleißheimer Schloßbau charakterisiert hat.

Am 7. September 1701 kam es zum Abschluß einer neuen Großen Allianz zwischen dem Kaiser, England und den Generalstaaten. Max Emanuel wurde aufgefordert, ihr beizutreten, wollte sich aber nicht festlegen. Während die Kaiserlichen in Oberitalien seit Mai 1701 einen unerklärten Krieg führten, sollte es noch bis zum 15. Mai 1702 dauern, bis die Große Allianz gegen Frankreich und Spanien in aller Form in den Krieg eintrat.

Die Haltung der meisten Reichsstände war 1701 immer noch unklar, zumal seit 1700 im baltischen Raum der Große Nordische Krieg Schwedens gegen Dänemark, Polen-Sachsen und Rußland tobte, der die Aufmerksamkeit der Anrainerstaaten beanspruchte. Ludwig XIV. war bemüht, im Reich einen Neutralitätsblock aufzubauen und setzte dabei ganz besonders auf den bayerischen Kurfürsten. Tatsächlich gab es eine verbreitete Abneigung, sich für habsburgische Hausinteressen in einen Krieg verwickeln zu lassen. Max Emanuel versuchte, diese Tendenz zu unterstützen und die Reichskreise vom Kaiser zu trennen. Bald schon zeigte sich aber, daß diese Politik für den Kurfürsten keinen aussichtsreichen Weg darstellte. Als Führer eines Neutralitätsblockes konnte er unmöglich den nötigen Druck auf die Kontrahenten ausüben, um seine Forderungen durchzusetzen. Das war nur möglich, wenn er auf der einen oder anderen Seite aktiv in die Auseinandersetzung eingriff. Zudem mißtrauten die in den Assoziationen zusammengeschlossenen kleinen Reichsstände den Armierten im allgemeinen und Max Emanuel ganz im Besonderen, wozu sie auch allen Grund hatten, wie sich in Bälde zeigen sollte. Im Herbst 1701 erfolgte in den süddeutschen Reichskreisen ein Umschwung, der die politische Isolierung Bayerns zur Folge hatte und den Neutralitätsbestrebungen den Boden entzog. Der Abschluß der Großen Allianz verlieh im September der antifranzösischen Position wieder eine vertrauenerweckende Stärke, die ihr bis dahin, als der Kaiser auf sich allein gestellt schien, gefehlt hatte. So gewann die auf Anschluß an die Allianz und Kriegsbereitschaft drängende Agitation der kaiserlichen und kurpfälzischen Diplomaten im Schwäbischen,

Fränkischen und – mit Ausnahme Kurbayerns natürlich – selbst im Bayerischen Kreis unaufhaltsam an Boden

Das Scheitern der Neutralitätspolitik ließ die Verhandlungen Max Emanuels mit Frankreich, den Seemächten und dem Kaiser in den Vordergrund treten. Wilhelm III. war bemüht, den Kurfürsten und seine bewährte Armee auf die Seite der sich formierenden Allianz zu ziehen, selbst wenn der Preis sehr hoch sein würde. Diese Bereitschaft der Seemächte, den Forderungen Max Emanuels entgegenzukommen, sollte in den nächsten Jahren immer wieder zu Konflikten zwischen den Alliierten führen. Die Haltung des Kaisers war nämlich weiterhin unnachgiebig, da er wußte, daß die Vorstellungen des ehrgeizigen Kurfürsten nur zu Lasten Habsburgs und seiner Verbündeten im Reich realisiert werden konnten.

Eine Allianz mit dem Kaiser und den Seemächten wäre nun ganz auf der Linie der bisherigen Politik Bayerns gelegen und hätte die ungeheuren Risiken vermieden, die ein Bündnis mit dem mächtigen, aber fernen Franzosenkönig mit sich bringen mußte. Im Juli 1701 teilte der Kurfürst den Abgesandten Wilhelms III. mit, er würde auf die Seite der Alliierten treten, wenn ihm der Kaiser aus dem spanischen Erbe die Niederlande oder das Herzogtum Mailand als souveränen Besitz und dazu die Königskrone zusage. Diese Forderung drückte zweifellos das eigentliche und primäre Ziel Max Emanuels aus, wobei das Königreich Neapel-Sizilien an die Stelle von Mailand treten konnte. Alle anderen Varianten, die im Laufe der Zeit erwogen wurden, können nur als Notkonstruktionen gelten.

Es war ein Ziel, dessen Erreichen extreme Verhältnisse voraussetzte. Weder Leopold I. noch Ludwig XIV. konnten dem Kurfürsten eine entsprechende Zusage geben, ohne die Spanier vor den Kopf zu stoßen. Ludwig XIV. versuchte daher, den Kurfürsten auf gewaltsame Erwerbungen innerhalb des Reiches abzudrängen. Er solle sich mit französischer Unterstützung an der Peripherie seines Landes eine Art Großbayern zusammenerobern und dafür die Königskrone erhalten. Damit mußte der Kurfürst jedoch Reichsrecht brechen, sich zum offenen Feind von Kaiser und Reich machen und sich in die völlige Abhängigkeit von Frankreich begeben. Sowohl die Einverleibung anderer Reichs-

stände als auch die Erhebung reichsinterner Gebiete zum souveränen Königreich waren mit dem Reichsrecht nicht vereinbar.

Diejenigen Reichsfürsten die es damals tatsächlich schafften, Königskronen zu erlangen und die Max Emanuel als neidvoll betrachtetes Vorbild dienten, kamen außerhalb des Reiches zu ihren Würden – der Kurfürst von Sachsen 1697 durch das polnische Wahlkönigtum, der von Brandenburg 1701 für das jenseits der Reichsgrenzen gelegene, ehemals polnische Preußen (daher König in Preußen und nicht von Preußen), Hannover 1714 durch seine Erbfolge in Großbritannien, Hessen-Kassel 1718 durch Einheirat und Erbgang in Schweden. Auch der Herzog von Savoyen erlangte seine Königskrone durch Erwerb von Sizilien, das später gegen Sardinien eingetauscht wurde. Die Anerkennung von Annexionen innerhalb des Reiches und eines auf diese Weise zustandegekommenen Königstitels hätte eine Kettenreaktion ausgelöst und bereits 100 Jahre vor Napoleon das Ende des Alten Reiches eingeleitet. Nur im Fall einer vollständigen Niederlage war vom Kaiser zu erwarten, daß er sich mit einer solchen Regelung abfinden würde.

In eine ähnliche Zwangslage konnte der Kaiser gebracht werden, wenn die Seemächte massiven Druck auf ihn ausübten. Er war für seine Kriegführung in hohem Maße von der Unterstützung durch Englang und die Generalstaaten abhängig. Diese wollten zum einen die Hegemonie Frankreichs auf dem Kontinent verhindern, zum anderen ihre Handels- und Kolonialinteressen durchsetzen. Die Einheit des spanischen Besitzstandes, die Hausmachtpolitik der Österreichischen Habsburger oder die Wahrung der deutschen Reichsverfassung waren ihnen dagegen ziemlich gleichgültig. Keineswegs waren sie geneigt, aus Rücksicht auf solche Sonderinteressen einen Krieg in die Länge zu ziehen, für den sie teuer zu bezahlen hatten. Deshalb sollte die Allianz, wo es nur ging, durch weitere schlagkräftige Verbündete verstärkt werden und ein solcher war der bayerische Kurfürst ganz offensichtlich.

Der Kaiser widersetzte sich hier den Wünschen der Seemächte aufs Hartnäckigste. Zu deutlich war, daß Max Emanuels Politik langfristig darauf angelegt war, die Vorherrschaft des Hauses Habsburg im Reich herauszufordern. Daß der Kaiser gleichzeitig

(1701) sich der militärischen Unterstützung des Kurfürsten von Brandenburg versicherte, indem er seiner Erhebung zum König in Preußen zustimmte, steht hierzu in keinem Widerspruch, denn der Ehrgeiz der weit entfernten Hohenzollern schien die Interessen der Habsburger nicht zu gefährden (womit sich Leopold I. langfristig fürchterlich verrechnet hat). Die unnachgiebige Haltung des Kaisers zwang Max Emanuel, die französische Karte immer eindeutiger und aggressiver auszuspielen.

DAS BÜNDNIS MIT FRANKREICH

Die Verhandlungen mit beiden Seiten, der Versuch, den Kontrahenten möglichst hohe Angebote zu entlocken, brachte Max Emanuel zwangsläufig immer enger an die Seite des französischen Königs, da nur er den hochgespannten Erwartungen des Kurfürsten einigermaßen entsprechende Konzeptionen entwikkeln konnte, ohne sich selbst oder seinen Verbündeten mehr zu schaden als das Bündnis mit Bayern zu nützen versprach. Schloß Max Emanuel das Bündnis mit Frankreich ab, dann nahm er nicht nur das Risiko eines möglichen Fehlschlages auf sich, sondern riskierte auch seine Existenz als Reichsfürst und den Verlust seiner Länder. Diese das Schicksal herausfordernde Haltung des »Alles oder Nichts« dokumentieren Inschriften wie »Coronari aut rumpi« – »Gekrönt werden oder zerbrechen«, auf den Fahnen, die damals an neu formierte bayerische Einheiten ausgegeben wurden. Der Kurfürst war sich also der Größe des Wagnisses voll bewußt, weshalb er in nimmermüdem Feilschen versuchte, die Höhe des Einsatzes durch lohnende Gewinne garantiert zu erhalten und sich für den Fall der Niederlage möglichst abzusichern. Was Frankreich nicht zuletzt zum vertrauenerweckendsten Kandidaten machte, war der Umstand, daß es sich als Sachwalter Spaniens gleich nach Annahme des Testaments die militärische Kontrolle all jener Gebiete gesichert hatte, an denen Max Emanuel interessiert war – die Niederlande, Mailand, Neapel-Sizilien –, während die Alliierten sie erst erobern mußten. Ob ihnen das gelingen würde, schien nach den Erfahrungen der letzten Kriege mehr als fraglich.

Während Max Emanuels bilaterale Verhandlungen im Frühjahr 1702 eine heiße Phase erreichten, traten einige schwerwiegende Ereignisse ein. Am 19. März starb Wilhelm III. Seine Nachfolgerin Königin Anna machte den Captain-General John Churchill Earl (ab Dezember 1702 Duke) of Marlborough, hinter dem die zum Krieg drängende Partei der Whigs stand, zur militärisch und politisch mächtigsten Persönlichkeit Englands. Er sollte für Max Emanuel zum Mann des Schicksals werden. Am 15. Mai erfolgte die Kriegserklärung der Großen Allianz an Frankreich. Aus dem isolierten Kampf des Kaisers in Oberitalien wurde ein umfassender Krieg, der alsbald auch in den Niederlanden, im ganzen Rheingebiet, in Spanien und auf den Weltmeeren ausgetragen wurde. Damit gewann Bayern für Frankreich, das außer dem innerlich zerrissenen Spanien nur Piemont-Savoyen und Kurköln zum Verbündeten hatte, erheblich an Gewicht.

Im Frühjahr 1702 schien der Abschluß eines Offensivbündnisses zwischen Max Emanuel und Ludwig XIV. unmittelbar bevorzustehen. Doch stellte der kaiserliche Unterhändler Graf Schlick so weitgehende Zugeständnisse Leopolds in Aussicht, daß der Kurfürst sich nun doch wieder den Alliierten zuwenden wollte. Freilich mußte er den endgültigen Bruch mit Frankreich so lange hinauszögern, bis ihm der Kaiser die Erfüllung seiner Forderungen verbindlich zugesagt hatte. Da nun aber Ludwig XIV. in der Zwischenzeit dem Kurfürsten seinerseits befriedigende Konditionen bot und mit dem bayerischen Gesandten in Versailles, dem Grafen Monasterol, am 17. Juni einen Bündnisvertrag schloß, wurden dem Kurfürsten die Vorwände für weitere Verzögerungen genommen. Trotzdem schob Max Emanuel die Ratifikationen hinaus. In Wien ging man ungeachtet dringender Mahnungen mit äußerster Langsamkeit zu Werke, wodurch der Kurfürst in eine peinliche Situation geriet. Am 17. August brachte Graf Schlick endlich das kaiserliche Angebot nach Schleißheim. Es blieb so sehr hinter den Erwartungen zurück, daß der definitive Entschluß Max Emanuels, den Vertrag mit Frankreich zu unterzeichnen und aktiv in den Krieg einzutreten, eine direkte Folge dieser Schleißheimer Unterredung war.

Der Bayernfürst als ein listiger Fischer.

Das 1704 herausgebrachte Flugblatt zeigt Max Emanuel beim »Städtefang« und spielt auf seine Absicht an, sich in der Peripherie Bayerns auf Kosten anderer Reichsstände, insbesondere der Freien Reichsstädte, einGroßbayern zusammenzuerobern. Ulm, Augsburg, Memmingen, Neuburg, Passau hielt er bereits besetzt, Regensburg kontrollierte er militärisch, andere, wie Nürnberg und Nördlingen, fürchteten ein ähnliches Schicksal.

Wie Max Braubach schreibt, war es »nicht zum wenigsten die Schuld des kaiserlichen Hofes, daß dieser Fürst schließlich doch in den Reihen der Gegner des Hauses Habsburg stand. Man kann sich des Eindrucks nicht erwehren, daß der Kaiser mit seinem ehemaligen Schwiegersohn sein Spiel getrieben hat, daß er ihn nur hinhalten wollte, um so für seine Operationen Zeit zu gewinnen.« Die Seemächte sahen die Situation ganz ähnlich und waren tief verstimmt über die destruktive Verhandlungsführung des Kaisers.

Die Bedingungen, die Max Emanuel von Ludwig XIV. erhielt, waren zwar zunächst hinter den Hoffnungen zurückgeblieben, sie waren aber immer noch wesentlich attraktiver als die des Kaisers, der ihm die Königskrone verweigerte und lediglich einen

Tausch Mailands gegen Bayern anbot. Dem in Versailles ausgehandelten Vertrag gemäß sollte Max Emanuel in den Besitz der Rheinpfalz und Pfalz-Neuburgs sowie zahlreicher Reichsstädte und anderer reichsunmittelbarer Territorien im Umkreis seines Landes gebracht werden und für dieses vergrößerte Bayern die Königskrone erhalten. Kurfürst Johann Wilhelm von der Pfalz, dem die beiden erstgenannten Gebiete gehörten, der eifrigste Parteigänger des Kaisers im Reich, sollte in den Niederlanden entschädigt werden. Natürlich mußte man all diese Gebiete erst einmal erobern, wofür die Unterstützung durch eine französische Expeditionsarmee zugesagt wurde. Sollte das mißlingen, war dem Kurfürsten die erbliche Statthalterschaft in den Niederlanden mit der Souveränität über Obergeldern und Limburg zugedacht. Diesen ursprünglichen, Max Emanuel noch wenig befriedigenden Bedingungen wurde schließlich die Klausel hinzugefügt, Obergeldern und Limburg mit Mailand tauschen zu können. Eine weitere wichtige, erst nach langem Verhandeln bewilligte Kondition war die Bestimmung, daß Max Emanuel, falls Bayern verloren gehe, mit dem souveränen Besitz der ganzen Niederlande entschädigt werde. Nun war der Kurfürst überzeugt und ratifizierte am 1. September den Vertrag.

Bayerns Leistung hatte darin zu bestehen, mit 25.000 Mann in den Krieg einzutreten, wofür von Frankreich und Spanien hohe Subsidienzahlungen zu leisten waren. Am 8. September 1702 kam Max Emanuel seiner Verpflichtung nach, indem er seine Truppen in einem brillant vorbereiteten und durchgeführten Handstreich die Reichsstadt Ulm, die am Zusammenfluß von Donau und Iller die Verbindungswege nach Westen zum französischen Verbündeten beherrschte, überfallen und die strategisch wichtige Festung in seinen Besitz bringen ließ. Der »Bayerische Krieg« hatte begonnen.

Tapisserie »Der Marsch« aus der sogenannten jüngeren oder Schleißheimer Kriegskunstserie.

Die von der Brüsseler Manufaktur des Judovicus de Vos zwischen 1719 und 1723 für das Neue Schloß Schleißheim hergestellte Serie geht in ihren Sujets auf die ältere oder Münchner Kriegskunstserie zurück, die der Kurfürst 1696 in Brüssel erworben hat und die wohl von ihm initiiert worden war. Teppiche beider Serien wurden auch von anderen Herrschern und Feldherren wie Ludwig Wilhelm von Baden, Prinz Eugen, Marlborough und August dem Starken erworben. Die jüngere Serie weist Gemeinsamkeiten mit den »Blenheim Palace Tapestries« der Siege Marlboroughs auf, die dieser 1710 bis 1715 in derselben Manufaktur weben ließ – die Kunst vereinte Sieger und Besiegten. Im Gegensatz zur Blenheim-Serie zeigen die Kriegskunstserien keine konkreten Ereignisse, sondern genrehafte Szenen aus dem Leben im Feld. Auf dem abgebildeten Teppich sehen wir im Vordergrund einen Feldherrn, den man wegen des blauen Rockes – wie auch in der älteren Serie - als Max Emanuel identifizieren darf. Neben den Offizieren seines Stabes ist ein Meldeläufer abgebildet, in der Bordüre vielfältiges Kriegsgerät aus der Zeit des Spanischen Erbfolgekrieges. Die Tapisserien dieser Serie hängen im Appartement des Kurfürsten im Neuen Schloß Schleißheim, die der älteren in dem der Kurfürstin.

FERDINAND SOLAR COMTE DE MONASTEROL (UM 1660–1718)

Der aus Piemont stammende Soldat machte Karriere. Ab 1701 wirkte er als Gesandter in Versailles, war dazwischen aber weiterhin militärisch aktiv und brachte es bis zum Generalfeldmarschallleutnant (1702). Den Gesandtenposten in Frankreich bekleidete er bis 1717. Monasterol gehörte zu einer Gruppe internationaler Weltmänner, die während des Spanischen Erbfolgekrieges und des niederländisch-französischen Exils den engeren Zirkel um Max Emanuel bildeten, zum Mißvergnügen der altbayerischen Beamten. Mit seinem gewandten Auftreten, seinem verschwenderischen Lebensstil und seinem treffsicheren Geschmack war er ein Mann nach dem Herzen des Kurfürsten. Auch die Liebe für das Glücksspiel hatten die beiden Männer gemein. Zeitweise schuldete Max Emanuel seinem Vertrauten große Summen. Monasterol unterhielt ein verzweigtes Netz von Agenten, beeinflußte die Kunstpolitik seines Herrn und war einer der führenden Verfechter des französischen Bündnisses. Die Verhandlungen mit Ludwig XIV. liefen ganz durch seine Hände. In zunehmendem Maß wurde er auch mit geldlichen Transaktionen und schließlich mit der Ordnung der verworrenen kurfürstlichen Finanzen betraut, insbesondere mit der Abwicklung des Nachlasses von Hauptschatzmeister Bombarda, die er aber mit privaten Spekulationen vermengte. Als er 1718 nach München zitiert wurde, um Klarheit in diese Verhältnisse zu bringen, erschoß er sich.

EMPÖRUNG, ANGST, LOYALITÄT

Kaiser und Reichsstände waren natürlich empört über Max Emanuels Bündnis mit Frankreich und seine glatte Aggression. Er hatte sich in den Augen der meisten Deutschen mit einem Schlag vom Türkensieger und Vorkämpfer des Reiches zum heimtückischen Verräter gewandelt, ein Bild, zu dessen Verbreitung die sehr rege patriotische und prokaiserliche Publizistik, die vor allem in den Reichsstädten ihren Sitz hatte, kräftig beitrug. Von französisch-bayerischer Seite wurde ihr nicht viel entgegengesetzt. Keine zwei Wochen nach dem Ulmer Überfall erklärte man den Reichskrieg, und er galt nicht nur Frankreich und Spanien, sondern auch deren einzigen deutschen Verbündeten, Max Emanuel und seinem Bruder Joseph Clemens von Köln. Die Verhandlungsführung mit dem Kaiser wurde hierdurch gleichfalls belastet, denn es trat nun neben den dynastischen Antagonismus der Widerwille, den Reichsfeind für sein Tun auch noch in irgendeiner Form zu belohnen, eine Reaktion, die zur Reichsacht über die wittelsbachischen Brüder im Jahre 1706 führen sollte.

Dieser allgemeinen Antipathie gegenüber betonte Max Emanuel stets, nur die undankbare, anmaßende, hinterhältige und in eigenem Interesse kriegstreiberische Politik Habsburgs sowie die unbedingte militärische Notwendigkeit hätten ihn, der doch der tatsächliche Vorkämpfer der deutschen Freiheit gegen die kaiserliche Tyrannei sei, zum gewaltsamen Vorgehen gegen andere Reichsstände gezwungen.

In Bayern überwogen zweifellos Angst und Sorge. Max Emanuel gab sich da keinen Illusionen hin. Am 30. September schrieb er Theresia Kunigunde, die selber zwar eine Parteigängerin Frankreichs war, das aktuelle Bündnis wegen der allzu großen Risiken jedoch mit Skepsis betrachtete, er sei »seiner eigenen Untertanen nicht sicher, die aus Respekt und Neigung für den Kaiser, Haß gegen Frankreich, mit dem ich verbündet bin, und einfach aus Angst, sich nicht viel für mich einsetzen werden.« Weder hatte man Lust, an der Seite der wenig beliebten Franzosen gegen die Nachbarn zu kämpfen, mit denen man gerade noch gegen die Türken und gegen eben diese Franzosen verbündet gewesen war, noch gehörte großer Scharfsinn dazu, um sich die Folgen vorzustellen, die jeder Krieg in Bayern und seiner nächsten Umgebung selbst bei einigermaßen günstigem Verlauf für Land und Leute haben mußte. In mehreren eindringlichen Bittschriften wandte man sich an den Landesherrn, seinen Entschluß nochmals zu überdenken. Die Landschaftsverordnung schilderte in ihren Eingaben vom 19. Oktober und 2. November 1702 die wirtschaftliche und strategische Lage des Landes in den düstersten Farben. Nachdem aber der Kurfürst an seiner Entscheidung festhielt, überwogen letztlich trotz allem Unbehagen die Treue zum angestammten Herrscherhaus, ein starkes bayerisches Identitätsgefühl und das Charisma des Türkensiegers.

»[Gott spricht:] Sage den Menschen, niemand glaubt es, wie stark Gott die Fehler der Ungerechtigkeit straft gegen das Gebot, du sollst deinen Nächsten lieben wie dich selbst. Aber dieses Gebot ist allgemein übertreten und wie aufgehoben. Sage ihnen, daß ich ihr selbst gemachtes Recht nicht anerkenne, welches nur dazu geschaffen ist, ihr zeitliches Besitztum zu vermehren. Das sind keine Gesetze, sondern Kniffe, um den Armen zu berauben und zu unterdrücken... Sage es zuerst deinem Landesfürsten. Er soll dich nicht verachten, sondern anhören wie eine Stimme aus der Wüste, welche die Welt ist, in der du lebst. Ich lasse ihm sagen, er möge Acht haben auf die Gerechtigkeit in seinem Lande, Acht haben auf seine Minister, seine Landesgerichte und Vorsteher, daß das Blut der armen Untertanen nicht also ausgepreßt werde, und er soll auch Acht haben auf sein Amt; denn als Fürst sei er gesetzt zur Hilfe für sein Land, als eine Zuflucht für Witwen und Waisen; er ist bestellt für die Ehre Gottes. Es ist Pflicht der Untertanen, ihm zu geben, was des Kaisers ist. Aber weil diese Abgabe das Blut und der Schweiß der armen Untertanen ist, soll es wiederum zum Nutzen der Untertanen und des Landes angewendet werden. Über diese Punkte ist vor Gott eine schwere Rechenschaft zu geben. Sage ihm auch als meinen Willen, er solle die erbärmliche Hoffart abschaffen, vom Untersten angefangen bis zum Höchsten hinauf,... denn Gott ist erzürnt über sein Land und wird es heimsuchen... So ist mir gesagt worden am 11. Mai 1704 vor meinem Ecce Homo-Bild in der Absicht, daß ich es wieder sage und offenbare. Bei den Fürsten und Herrschaften, bei den Geistlichen und Weltlichen, allenthalben wird gefehlt und muß es gebessert werden.«

Die Münchner Mystikerin Maria Anna Lindmayer, ab 1712 Josepha de Jesu bei den Barfüßigen Karmeliten (1657–1626), Initiatorin der Dreifaltigkeitskirche als Votiv zur Errettung Münchens, zu der Max Emanuel den Hochaltar stiftete.

Die Kaiserlichen erließen fleißig Proklamationen, in denen sie die Armee und das Volk Bayerns zu Treue gegen den Kaiser und Abfall vom verräterischen Kurfürsten aufforderten. Man hatte übertriebene Hoffnungen in das reichstreue Element in Bayern, vor allem rechnete man mit zahlreichen Desertionen aus der Armee. Das Ergebnis war mehr als enttäuschend. Der Kurfürst schrieb an Gräfin Arco voll Stolz über seine Truppen, äußerte sich aber zugleich indigniert über die »unwürdige« Haltung mancher einheimischer Adeliger: »Ich kann ihnen versichern, daß ich mir nicht mehr Einsatzfreude, mehr Anhänglichkeit, mehr guten Willen wünschen könnte, als ich ihn in meiner Armee vom ersten bis zum letzten Mann finde, und mit ruhiger Zuversicht lege ich mein Schicksal und mein Leben in die Hand meiner Truppen, die mit mir siegen oder sterben. Das ist nicht so bei den Faulpelzen meines Landes, aber wir sind so stark, daß wir sie zu ihrer Pflicht zwingen werden, wenn diese ihnen schon nicht ihre eines adeligen Standes unwürdige Gesinnung diktiert.«

STEUERN, SUBSIDIEN UND ANDERE GELDER

Daß die gewaltige Aufrüstung, die im Frühjahr 1701 in Angriff genommen wurde, und die im Herbst 1702 einsetzende aktive Kriegführung mehr Geld verschlingen würden denn je, darüber war sich jedermann im Klaren, und indem der Kurfürst gleichzeitig auch die Kosten für den Schlösserbau enorm steigerte, wurde die finanzielle Situation in den ersten Kriegsjahren noch verschärft. Zur Verfügung standen zum einen die regulären Einnahmen aus direkten und indirekten Steuern. Für den Bedarf des Hofkriegszahlamts waren primär die ersteren vorgesehen. Hatte man schon während des Pfälzischen Erbfolgekrieges die Landsteuer gelegentlich zweimal im Jahr erhoben, so ging man zu Beginn des Spanischen Erbfolgekrieges zur Verdreifachung über. Darüber hinaus griff man unter dem Druck der Kriegslage zu verschiedenen Arten von Anlagen, die nicht von den Ständen genehmigt werden mußten. Das galt auch für die Zwangsanleihen, die vor allem die Kirchenstiftungen und Klöster trafen.

Dazu kamen kaum zu berechnende Natural- und Arbeitsleistungen wie Kriegsscharwerk (Benutzung von Zugtieren und

Fahrzeugen), Lieferung von Lebensmitteln, Einquartierungen, Beschlagnahme von Pferden usw. Zwar wurde für viele dieser Leistungen Bezahlung versprochen, doch erfolgte diese, wenn überhaupt, sehr spät und unvollständig. Während staatlicherseits die Forderungen zunehmend hochgeschraubt wurden, führten die Auswirkungen der Kriegslage zu immer gravierenderen Einbußen. Wenn der Feind Gebiete besetzte, bedeutete das, daß dort keine Steuern und sonstige Leistungen mehr eingetrieben werden konnten und daß stattdessen diese Territorien nun von der Besatzungsmacht auf noch viel drastischere Weise ausgebeutet, wenn nicht geplündert wurden. Dazu kamen schwere Zerstörungen und die Lahmlegung der Verwaltung.

Natürlich haben auch die Bayern und Franzosen, sobald sie in feindlichem Gebiet Fuß faßten, Kontributionen eingetrieben, Einquartierungen vorgenommen, fouragiert und geplündert. Betroffen war hiervon vor allem Schwaben. So wurde der Stadt Augsburg nach ihrer Eroberung durch Max Emanuel im Dezember 1703 eine Rechnung von 488.338 Gulden für die Belagerungskosten präsentiert, die Quartierkosten für die fünfmonatige Anwesenheit der Besatzungstruppen beliefen sich auf 885.622 Gulden. Mit seiner Niederlage im Sommer 1704 entfielen diese Einnahmequellen für Max Emanuel und kamen nur noch dem Gegner zugute.

Das zweite und nach 1706 einzige Standbein auf dem neben den aus dem Land gezogenen Einnahmen die Kriegsfinanzierung beruhte, bestand in den französischen und spanischen Subsidien. Ohne solche Hilfsgelder in sehr erheblichem Umfang zu erhalten, hätte kein Staat von der Größenordnung Bayerns eine starke Armee ins Feld stellen und ehrgeizige außenpolitische Ziele verfolgen können. Bayern war zwar kein armes Land, doch ließen sich, da es an Fläche und Bevölkerung nur eine mittlere Macht war und weder über bedeutende Bodenschätze verfügte noch einen lukrativen Handel anzapfen konnte, keine ausreichenden Überschüsse erzielen, um den Staat aus eigener Kraft Großmachtpolitik treiben zu lassen. Der *nervus rerum* mußte aus dem Ausland kommen.

Die potentesten Subsidienzahler waren die Seemächte, die über die weitaus größte Finanzkraft, aber über ein nur unzureichendes Menschenpotential verfügten, das sie zum Gutteil für ihre personalintensiven Flotten brauchten, und daher an Mietsoldaten interessiert waren. Bei einem Bündniswechsel zu Frankreich schieden sie für Max Emanuel aber aus. Frankreich war der zweite große Subsidienzahler der Epoche. Angesichts seines Bevölkerungsreichtums hätte es eigentlich nicht zum aufwendigen Mittel der Subsidienrekrutierung greifen müssen, um ausreichende militärische Stärke für seine politischen Ambitionen zu entwickeln. Daß es dieses dennoch für nötig hielt, hatte zweierlei Gründe. Der eine war finanzieller Natur. Einen Soldaten in Frankreich anzuwerben, auszurüsten und zu unterhalten kostete infolge des höheren Preisniveaus ungefähr doppelt so viel wie man dafür zahlte, wenn dies ein deutscher Verbündeter mit landeseigenen Männern aber französischen Mitteln in seinem Land besorgte. Des weiteren sicherte man sich durch Subsidienzahlungen politischen Einfluß und gewann Verbündete in strategisch interessanter Lage. Aus diesen Gründen wurde Frankreich zum großen Sponsor der bayerischen Armee und Außenpolitik in der ersten Hälfte des 18. Jahrhunderts.

Von 1701 bis 1715 erhielt Max Emanuel von Frankreich 48.059.696 Livres (27,3 Millionen Gulden) überwiesen, wozu in den Jahren 1701 – 1706 noch ca. 6 Millionen Gulden spanischer Subsidien kamen, zusammen also gut 34 Millionen Gulden. Bei den Transaktionen gingen freilich sehr erhebliche Summen durch Umtausch in andere Währungen, Provisionen und Veruntreuung verloren, zumal die finanziellen Engpässe in Frankreich immer bedenklichere Dimensionen annahmen – 1706 standen 196 Millionen Livres Ausgaben Einnahmen von 53 Millionen gegenüber. Wie viel von den Subsidien am Ende dem Kurfürsten real zur Verfügung standen, läßt sich nicht mehr ermitteln. So ist es nicht verwunderlich, daß trotz der zugewiesenen hohen Summen Zahlungsschwierigkeiten des Hofes und des Hofkriegszahlamts zur Regel wurden und Soldaten wie Beamte viele Monate auf ihre Bezahlung warten mußten. In den letzten Kriegsjahren war die zusammengeschrumpfte Armee nur mehr sehr bedingt einsatzfähig, womit wir aber den Ereignissen weit vorgreifen.

GIOVANNI PAOLO (GIO PAOLO ODER JEAN PAUL) BOMBARDA, GELEGENTLICH MIT DEM PSEUDO-ADELIGEN ZUSATZ »DE BEAULIEU« (UM 1650–1712)

Der aus Rom kommende Bombarda war zwei Jahrzehnte lang Max Emanuels Hauptschatzmeister und als solcher vor allem mit der Abwicklung der Subsidiengeschäfte betraut. Er trat im Dezember 1680 in bayerische Dienste, zunächst als Instrumentalist an der Münchner Hofkapelle. Auch in späteren Jahren blieb er dem kurfürstlichen Musik- und Theaterwesen eng verbunden. So fungierte er als Theaterintendant und betrieb in Brüssel ab 1694 zusammen mit seinem Landsmann Pietro Antonio Fiocco auf kommerzieller Basis die *Opéra du Quai au Foin*, außerdem das *Théâtre de la Montagne Sainte-Élisabeth*. 1697–1700 baute er das »*Grand Théâtre sur la Monnaie*«, ein Opernhaus für 1200 Personen. Spätestens seit 1689 kümmerte er sich um die Geldgeschäfte Max Emanuels, die bis 1710 hauptsächlich in seinen Händen lagen. Bereits 1691 lieferte er Silber in solchen Mengen, daß man 1,2 Millionen Gulden daraus prägen konnte. 1692 folgte er seinem Herrn nach Brüssel, wo er vielseitig als Theatermann, Diplomat, Agent und Schatzmeister eingesetzt wurde. Bombarda faßte sogleich in der niederländischen Gesellschaft Fuß. 1693 heiratete er in zweiter Ehe – seine erste Frau war eine Tochter des bayerischen Hofkomponisten Ercole Bernabei gewesen – die reiche Antwerpener Bankiersfamilie Cloots ein und erwarb umfangreichen Grundbesitz. Bombarda trieb in dieser Zeit auch einen schwunghaften Handel mit Leibrenten, für die der Kurfürst bürgte. Die Subsidiengelder aus Wien, Madrid, Amsterdam und London gingen ebenso durch seine Hände wie die aus Bayern eintreffenden Steuerbeiträge für die Truppen und den Hof. Während des Spanischen Erbfolgekriegs wurde die Abwicklung der französischen und spanischen Subsidienzahlungen zu seiner Hauptaufgabe. Wie damals üblich, betrieb Bombarda die kurfürstlichen Geldgeschäfte als Privatunternehmer. Er erhielt sämtliche Subsidien, zunächst in Form von Wechseln, später in der von Assignationen und anderen Gutscheinen. Er mußte diese in Bargeld umwandeln, was mit hohen Transaktions- und Zinsverlusten verbunden war. Bombarda konnte die

Gelder nach Belieben anlegen, mußte aber dem Kurfürsten regelmäßig fixe Summen ausbezahlen, die später abgerechnet werden sollten. Gemäß einem Kontrakt vom 30. Dezember 1705 gingen von den monatlichen Barzahlungen über 70 % an das Hofkriegszahlamt, der Rest zu ungefähr gleichen Teilen an das Küchenamt, den Marstall, sonstige Hofausgaben und an einen Fundus für Geheimausgaben des Kurfürsten. Für Bombarda selbst war eine Provision von 2 % vorgesehen. Die Geldbeschaffung wurde während der Exilszeit immer schwieriger, bis schließlich kaum mehr Kredit aufzutreiben war. 1710 geriet Bombarda, der mittlerweile auch in Paris in das Immobiliengeschäft eingestiegen war, in nicht mehr zu bewältigende Zahlungsschwierigkeiten gegenüber dem Kurfürsten und mehr als 200 weiteren Gläubigern. In seinen Unterlagen trat eine solche Konfusion von Rechnungen und Gegenrechnungen, Spesen, Schulden und Guthaben in den verschiedensten Modalitäten des Geldverkehrs ein, daß jede Übersicht verlorenging und Kontrollversuche der Bürokratie scheiterten. Max Emanuel übergab Anfang 1711 die weitere Abwicklung dem Antwerpener Finanzmann Henri van Soest, der freilich 15 % Provision wollte. Außerdem betätigte dieser sich für 10 % Provision auch als Hof- und Truppenlieferant. Nach Anfangserfolgen geriet er ebenfalls in Schwierigkeiten und wurde durch die Genfer Bankiers Jacob und Paul Marcet ersetzt, denen es ähnlich erging. Ab 1715 nahm sich Graf Monasterol der geschäftlichen Hinterlassenschaft des 1712 in Paris verstorbenen Bombarda an, was ihn binnen dreier Jahre gleichfalls ins Verderben stürzte. Sein »Erbe« trat der Comte d'Albert an, der in dieser Sache noch im hohen Alter in langwierige Prozesse mit dem bayerischen Staat verwickelt wurde, in denen es vor allem um seine angebliche Selbstbereicherung bei der Verwaltung des Bombarda-Nachlasses ging. Erst im 19. Jahrhundert gelang es der bayerischen Verwaltung, mit den Nachkommen der verschiedenen Gläubiger zu einem Abschluß zu kommen.

9 Die strategische Lage

Vom Kriegseintritt Bayerns am 8. September 1702 bis zur 2. Schlacht von Höchstädt am 13. August 1704 bildeten Politik und Strategie Max Emanuels den Dreh- und Angelpunkt des Krieges in Süddeutschland und hatten auch bedeutende Auswirkungen auf die anderen Kriegstheater. Die geographisch-strategische Lage des Kurfürstentums war ausgesprochen problematisch. Es war ringsum von feindlichen Gebieten umschlossen – habsburgische Territorien, Fränkischer und Schwäbischer Kreis. Dazu kamen im Westen die natürlichen Barrieren, der Rhein und vor allem der schwer passierbare Schwarzwald, die das Zusammenwirken mit den französischen Hilfsarmeen sehr erschwerten. Gegen die Rundumbedrohung besaß Bayern keinerlei natürliche Grenzen, ebenso wenig einen Festungsgürtel, der in dem erforderlichen Umfang auch gar nicht finanzierbar gewesen wäre. Einigermaßen moderne Befestigungen gab es nur in Ingolstadt, die von München und Braunau durften noch als formidabel gelten. Infolge der langen Friedenszeit im Herzen des Reiches verfügten auch die benachbarten Territorien nur über veraltete Anlagen. Ausnahmen bildeten Ulm, in dessen Besitz man sich ja gleich zum Auftakt gebracht hatte, und Nürnberg. Für den fehlenden Festungsriegel versuchte Max Emanuel einen Ausgleich zu schaffen durch lange Verschanzungslinien, wie man sie damals häufig anlegte. Sie wurden von scharwerkleistenden Bauern errichtet und von Milizen (Landfahnen) bemannt, waren aber wegen des geringen Kampfwertes dieser Einheiten, der großen Ausdehnung der Linien und der daraus resultierenden Dünne der Verteidigung ziemlich leicht zu durchbrechen.

Den einzigen, allerdings sehr bedeutenden geographischen Vorteil stellte die Donau dar, die das Kurfürstentum von Westen nach Osten durchfloß. Auf und an der Donau entlang konnte man rasche Truppenverschiebungen durchführen. Nach Norden zu bildete der Fluß zudem eine Verteidigungslinie für das altbayerische Gebiet, wobei die Oberpfalz freilich Angriffen aus Böhmen und Franken schutzlos preisgegeben war. Voraussetzung für die strategische Nutzung der Donau war natürlich, daß man alle Flußübergänge von Ulm bis Passau in die Hand bekam und behauptete. Bereits im Frühjahr 1703 hat Max Emanuel dieses Ziel erreicht mit Ausnahme von Passau, dessen er sich erst im Januar 1704 bemächtigte.

Neben der Beherrschung der Donau war die Verbindung mit den Franzosen von überragender Wichtigkeit, denn es war klar, daß Bayern, mochte es noch so stark aufrüsten, auf sich allein gestellt auf Dauer nicht zu halten war, von großen Offensivstößen gegen Kaiser und Reichskreise, wie sie zum strategischen Grundkonzept gehörten, ganz zu schweigen.

Die bedrohliche zentrale Position bot aber auch Vorteile, nämlich die Gelegenheit zu raschen Operationen auf der inneren Linie, indem man unter Ausnutzung der kürzeren Verbindungswege die Hauptmacht abwechselnd an verschiedenen Punkten einsetzte, sei es im Gegenangriff auf räumlich voneinander getrennte Gegner, sei es in Offensiven auf feindliches Territorium. Unabhängig vom konkreten Ausgang der einzelnen Operationen kam aber der bloßen Tatsache, daß im bayerischen Raum Krieg geführt wurde, hohe strategische Bedeutung zu. Solange das Kurfürstentum nicht regelrecht niedergeworfen war, musste sich die Präsenz eines bayerisch-französischen Bollwerks mitten im Reich, das Südwestdeutschland von Österreich abschnitt und von zwei Seiten unter Druck setzte, irritierend, ja lähmend auf die Kriegführung des Kaisers und der Reichskreise auswirken, denn es ging von ihm eine latente, starke Kräfte bindende Bedrohung aus.

Ferner ist zu berücksichtigen, daß es sich bei diesen Feldzügen nicht um isolierte, rein militärische Aktionen handelte, sondern um ein dauerndes Wechselspiel von Krieg und Politik. Da es auf dem bayerischen Kriegsschauplatz letztlich um nichts anderes ging als um die Bündniszugehörigkeit des Kurfürsten, die mit seinem Kriegseintritt im September 1702 noch keineswegs als definitiv gelten mußte, gerieten zeitweise die militärischen Operationen in einem selbst für die damaligen Verhältnisse außergewöhnlichen Maß in Abhängigkeit von offenen und, weit mehr noch, geheimen diplomatischen Kontakten. Max Emanuel hatte nach den unbefriedigenden Verhandlungsergebnissen das

Bündnis mit Ludwig XIV. Realität werden lassen müssen, um den französischen Trumpf wirksam ausspielen zu können. Zwei Verfahrensweisen standen jetzt dem Kurfürsten offen: Entweder er entschloß sich zum bedingungslosen Kampf gegen Kaiser und Reich, ohne sich durch Rücksicht auf einen eventuellen Bündniswechsel hemmen zu lassen, oder er betrieb eine gemäßigte Eroberungspolitik an der Peripherie Bayerns, die ihn in den Besitz erwünschter Territorien als dauerhafte Eroberungen oder als Tauschobjekte brachte und zugleich seine Gefährlichkeit genügend demonstrierte, um den Gegner zur Erhöhung seines Angebots zu veranlassen. Die erste Strategie gedachte Max Emanuel keineswegs zu betreiben, da er sich damit zum bloßen Werkzeug der französischen Politik gemacht hätte. Die totale Niederlage des Kaisers gehörte dementsprechend nicht zu den Zielvorstellungen Max Emanuels. Berücksichtigt man die Überspannung der Kräfte auf habsburgischer Seite, die im Mai 1703 noch durch den Ausbruch eines schweren und langdauernden Aufstandes in Ungarn verschlimmert wurde, so wird verständlich, daß Max Emanuel trotz der außerordentlichen Schwierigkeiten und Gefahren seiner Lage Möglichkeiten sah, an das Ziel seiner ehrgeizigen Wünsche zu gelangen, wäre ihm nicht 1704 in Marlborough ein unvorhersehbarer übermächtiger Gegner erstanden.

DIE VERTEIDIGUNG BAYERNS

»...meine Truppen sind mittlerweile zu der Auffassung gekommen, sie brauchten nur zu kämpfen, um zu siegen; nie habe ich sie mit mehr Kühnheit und mehr Angriffsgeist gesehen; all die Strapazen und dauernden Märsche haben ihnen nichts anhaben können, obwohl sie viel auszuhalten haben, indem sie alle im Freien übernachten müssen und viele keine Zelte haben.«

Max Emanuel an Theresia Kunigunde, Schmidmühlen, 4. April 1703

Nachdem gleich nach der Einnahme von Ulm ein erster Vereinigungsversuch mit den Franzosen an Kommunikationsschwierigkeiten gescheitert war, hatte sich der Kurfürst mit der Einnahme von Memmingen, Günzburg, Lauingen und Dillingen beschäftigt. Mitte Oktober 1702 unternahm der neue Befehlshaber der Franzosen am Oberrhein, Max Emanuels alter Bekannter Villars, einen erfolgreichen Vorstoß über den Fluß und errang bei Friedlingen einen knappen Sieg über Markgraf Ludwig von Baden, einen Waffengefährten aus dem Türkenkrieg, der jetzt aber auf der Gegenseite stand. Da die Bayern ihm nicht entgegenkamen, ging Villars verärgert auf das linke Rheinufer zurück. In Anbetracht der vorgerückten Jahreszeit war damit die Vereinigung der Verbündeten für dieses Jahr gescheitert.

An diesem zweiten mißlungenen Versuch trug eindeutig der Kurfürst die Schuld. Der Grund für die auf den ersten Blick unverständliche Unterlassung lag darin, daß für Max Emanuel nach wie vor nicht das militärische Kalkül im Vordergrund stand. Mit seinen Eroberungen wollte er den Alliierten unmißverständlich seinen Ernst vor Augen führen, und der drohende Anmarsch der Franzosen war geeignet, diesen Eindruck wirkungsvoll zu unterstreichen. Eine tatsächliche Vereinigung wäre dagegen inopportun gewesen, da sie die Fronten allzu sehr verhärtet und den Kurfürst in eine unerwünschte Abhängigkeit von den Franzosen gebracht hätte. Der Kriegseintritt Bayerns trug somit vor allem den Charakter einer Demonstration. Das baldige Ende des Feldzugs sollte die sofortige Aufnahme von neuen Geheimverhandlungen begünstigen. Solche waren noch Ende September in die Wege geleitet worden, zerschlugen sich aber im November an der Unnachgiebigkeit des Kaisers, dem es wohl von Anfang an nur um Zeitgewinn ging.

Von Januar bis April 1703 unternahmen die Kaiserlichen mehrere konzentrische Offensiven, durch die sie den Kurfürst ausschalten wollten, noch bevor ihm im Frühjahr die Franzosen zur Hilfe kommen konnten. Max Emanuel trat ihnen unter brillanter Ausnützung der inneren Linie in energischen Gegenstößen entgegen, wobei er Neuburg an der Donau erstürmte, den Kaiserlichen und Sachsen bei Schardenberg und Eisenbirn im Innviertel eine schwere Niederlage zufügte, anschließend die fränkischen Kreistruppen bei Schmidmühlen in der Oberpfalz schlug und sich des Regensburger Donauübergangs versicherte.

Nun wandte er sich nach Westen, um in den Schwarzwald zu marschieren und sich am 11. Mai bei Riedlingen mit Villars zu vereinen, der ihm mit 30.000 Mann entgegenkam. Max Emanuel verfügte jetzt über die weitaus bedeutendste konzentrierte Truppenmacht im süddeutschen Raum.

»Die Ungeduld des Herrn Kurfürsten, mich zu treffen, war so groß, daß er, obwohl... das Wetter scheußlich war, um 7 Uhr morgens das Pferd bestieg und die Höhen hinaufritt, von denen aus er meinen Anmarsch ausfindig machen konnte, wobei er einen Kurier nach dem anderen an mich vorausschickte. Als er endlich meiner ansichtig wurde, setzte er sich in fliegenden Galopp. Ich machte Anstalten, vom Pferd zu steigen, doch er fegte auf mich zu, umarmte mich unter Freudentränen und war nahe daran, uns beide zu Boden zu werfen. Diese ganze Erregung war so leidenschaftlich wie ernsthaft, wie auch die offenen Äußerungen, mit denen er bekannte, ich hätte seine Person, seine Ehre, seine Familie, seine Staaten gerettet... Ich fand, Sire, die kurfürstliche Armee in Schlachtordnung angetreten und muß sagen, daß seine Truppen schön sind und daß ich überrascht war über all die Ordnung, Disziplin und den guten Zustand, in dem ich sie angetroffen habe... Nachdem ich die Truppen gesehen hatte, grüßten sie mich mit drei Salven aus ihren Geschützen. Bei jeder schrie der Kurfürst »Es lebe der König! « und warf seinen Hut in die Luft, wobei ihm wahrhaftig die Freudentränen herabliefen.«

Marschall Villars an Ludwig XIV., Lager bei Möhringen, 16. Mai 1703

CLAUDE LOUIS HECTOR MARQUIS, AB 1705 DUC DE VILLARS (1653–1734)

Villars, der aus vornehmer, doch wenig wohlhabender Familie stammte, diente sich während des Holländischen Krieges unter dem Kommando so bedeutender Feldherren wie Turenne, Condé und Luxembourg rasch zum Obersten der Kavallerie hoch, wurde aber dann in seinem Aufstieg gebremst, indem er sich die Feindschaft von Kriegsminister Louvois zuzog. Erst 1688 erreichte er Generalsrang. Im Winter 1686/1687 wurde er als außerordentlicher Gesandter zu Max Emanuel geschickt, den er

1687 auf den ungarischen Kriegsschauplatz begleitete und dessen Freundschaft er durch seine Kühnnheit und chevelareske Lebensart gewann. Dennoch verwies ihn der Kurfürst bei Ausbruch des Pfälzischen Erbfolgekrieges 1688 in schroffer Form des Landes. Villars kämpfte in diesem Krieg in den Niederlanden und am Rhein. 1698–1701 wirkte er in diplomatischer Mission am Wiener Hof. Ende 1702 erhielt er auf sein Ersuchen das Kommando am Oberrhein, um das Zusammenwirken mit dem bayerischen Verbündeten herzustellen. Der (knappe) Sieg von Friedlingen brachte ihm noch im selben Jahr 1703 den Marschallsstab, im Jahr darauf gelang ihm die Vereinigung mit der bayerischen Armee, doch überwarf er sich alsbald mit Max Emanuel. Nachdem er gemeinsam mit diesem den Sieg in der 1. Schlacht von Höchstädt am 20. September 1703 errungen hatte, wurde er auf eigenen Wunsch und den des Kurfürsten des Kommandos in Süddeutschland enthoben. 1704 konnte er den Aufstand der protestantischen Camisarden in den Cevennen beenden, indem er militärische Härte mit religiöser Toleranz und diplomatischem Geschick verband. Für diese Leistung wurde er 1705 zum Herzog erhoben. Er kaufte sich im selben Jahr das prächtige Schloß Vaux-le-Vicomte, das zum Sitz des für ihn geschaffenen Herzogtums Vaux-Villars gemacht wurde. 1705–1708 kommandierte er an Mosel und Oberrhein, wobei er 1707 einen tiefen Einbruch nach Süddeutschland erzielte. 1712 errang Villars, nachdem er Prinz Eugen ausmanövriert hatte, den Sieg von Denain. Im Frühjahr 1714 handelte er in persönlichen Zusammenkünften mit Prinz Eugen den Frieden von Rastatt aus. 1715 wurde er Präsident des Kriegsrats und Mitglied des Regentschaftsministeriums, zog sich aber weitgehend von den Geschäften zurück. Während des Polnischen Thronfolgekrieges wurde er im Alter von 80 Jahren unter Beförderung zum selten vergebenen Rang eines *Maréchal Général des Armées* 1733 reaktiviert und übernahm in Italien das Kommando, zerstritt sich aber mit dem savoyischen Verbündeten. Er starb auf der Rückreise vom Kriegsschauplatz. Neben Vendôme, Boufflers und Berwick war Villars zweifellos der beste Marschall, über den Ludwig XIV. im Spanischen Erbfolgekrieg noch verfügte. Der eigenwillige und ideenreiche Feldherr schadete seiner Karriere wiederholt durch seine Anmaßung, seine Streitsucht und seine unverhohlene Habgier. Wie Marlborough und Prinz Eugen gehörte er zu den Militärs die es zu enormem Reichtum und fürstenmäßigem Lebensstil brachten.

DER EINFALL IN TIROL

So herzlich sich das Treffen der Verbündeten bei Riedlingen gestaltete, die Diskussion um die nun zu befolgende Strategie verlief nicht ohne heftige Kontroversen. Deutlich wurde ein Grundanliegen der Franzosen, das sich durch die Planungen des bayerischen Feldzugs bis zu seinem katastrophalen Ende ziehen sollte. Sie wollten im Westen, in Schwaben defensiv agieren, um ihre Verbindung mit dem Oberrhein nicht zu gefährden und sich nicht dem mit Argwohn betrachteten Kurfürsten auszuliefern, von dem man durchaus wußte, daß er weiterhin besorgniserregende Kontakte mit den Alliierten unterhielt. Diese mißtrauische Zurückhaltung war ganz und gar nicht im Sinn Ludwigs XIV., der seine Marschälle wieder und wieder zu loyaler Kooperation mit Max Emanuel und aggressivem Vorgehen drängte. Im Mai 1703 ermunterte Villars seinen Verbündeten zu einem direkten Angriff auf Österreich, wobei er selber im Raum Ulm stehen zu bleiben und die westliche Donaulinie zu decken gedachte, während Max Emanuel Passau und Linz erobern sollte. Der Marschall hat diesem Vorschlag später die Absicht unterschoben, die Offensive bis nach Wien fortzuführen und ihr einen kriegsentscheidenden Charakter zu geben. Diese Behauptungen decken sich nicht mit der damaligen Korrespondenz Villars´, auch wäre die kurfürstliche Teilstreitmacht, die sich ja immer weiter von dem Verbündeten entfernt hätte, viel zu schwach und isoliert gewesen, um eine so grandiose Konzeption verwirklichen zu können.

Als Max Emanuel stattdessen eine Offensive gegen Franken anregte, die eine direkte Zusammenarbeit der Verbündeten ermöglicht hätte, schlug der Marschall die Teilung der Armeen in einer anderen Version vor. Diesmal sollten die Bayern nicht nach Osten, sondern nach Süden, nach Tirol marschieren, um

Der Gebirgskrieg in Tirol. Franz Joachim Beich, der große Schlachtenmaler Max Emanuels, schuf nach 1704 mit dieser virtuosen Radierung eine apokalyptische Version des Desasters.

Das Blatt ist von dem spektakulären Überfall an der Pontlatzer Brücke nahe Landeck inspiriert, wo am 1. Juli eine 310 Mann starke bayerisch-fanzösische Abteilung unter Einsatz von Lawinen aufgerieben wurde.

sich dort mit der französischen Italienarmee des Marschalls Vendôme zu vereinen, der angeblich in vollem Anmarsch vom Gardasee her war. Villars rannte damit bei Max Emanuel offene Türen ein, denn auch dieser hatte einen Feldzug in Tirol von Anfang an in Betracht gezogen, hatte aber gezögert, weil er nichts von Vendômes Positionen und Plänen wußte. Nachdem ihn nun Villars in dieser Hinsicht durch ungerechtfertigt optimistische Behauptungen beruhigt hatte, machte Max Emanuel sich sofort an die Vorbereitung des neuen Projekts, das auch die Präferenz Ludwigs XIV. genoß.

Der Kurfürst sollte mit einer vorwiegend bayerischen Armee von etwa 10.000 Mann ins Inntal eindringen, zum Brenner vorstoßen, der gleichzeitig in Südtirol einfallenden Armee Vendômes die Hand reichen und dann die Erblande angreifen. Ein Erfolg dieser Operation wäre für die durch den gerade ausgebrochenen ungarischen Aufstand zusätzlich bedrängten Kaiserlichen fatal geworden. Was für Max Emanuel den Reiz des Unternehmens noch erhöhte, war der Umstand, daß die erhofften Eroberungen in Tirol lange gehegten Vergrößerungsabsichten Bayerns in dieser Richtung entsprachen, die man zudem für erbrechtlich legitimiert hielt. Wittelsbachische Hausmachtpolitik und große Strategie fielen hier also verführerisch zusammen.

Der blitzartige Vorstoß der Bayern löste zunächst allgemeine Verwirrung aus. Kufstein wurde am 20. Juni in einem kühnen Handstreich genommen, schon fünf Tage später bot Innsbruck die Unterwerfung an. Am 2. Juli zog Max Emanuel in der Hauptstadt ein und ließ sich als neuem Landesherrn huldigen. Erst jenseits des Brenner stieß man auf ernsthaften Widerstand. Während man auf das Eintreffen Vendômes wartete, der tatsächlich noch immer am Gardasee stand, begann es im Rücken der Armee zu gären. Am 21. Juli überrannten nach Tausenden zählende Bauernscharen, unterstützt durch kaiserliche Truppen, die meisten der in Nordtirol zurückgelassenen Detachements. Max Emanuel erkannte sofort, daß seine Stellung am Brenner unhaltbar geworden war, und zog daraus den konsequenten Schluß, die Umzingelung der Armee nur durch einen schleunigen Rückzug auf eine sichere Basis vermeiden zu können. Nachdem er sich in den Gefechten am Schwarzen Kreuz und an der Martinswand nahe Innsbruck den Weg freigekämpft hatte, räumte er am 27. Juli Tirol, hielt aber Kufstein und einige andere Plätze weiter besetzt, denn er wollte sich die Möglichkeit eines erneuten Vorstoßes offenhalten für den Fall, daß Vendôme doch noch in Erscheinung treten sollte. Da dieser, irritiert durch den drohenden Seitenwechsel Savoyens, weiterhin ausblieb, während gleichzeitig bedenkliche Lagemeldungen Villars‘ von der Donau eintrafen, der sich von der verstärkten Heeresmacht Ludwigs von Baden in einem verschanzten Lager bei Lauingen und Dilligen in wachsendem Maß unter Druck gesetzt sah, marschierte der Kurfürst schließlich Ende August nach Bayern ab.

Mit dem völligen Fehlschlag seines tirolischen Unternehmens, das die Invasionsarmee annähernd 3.000 Mann gekostet haben muß, hatte Max Emanuel seine erste schwere persönliche Niederlage erlitten. Die übliche Vorstellung, die Bayern und Franzosen seien einfach von den Tiroler Bauern aus dem Land gejagt worden, ist einseitig. Der Volkswiderstand, der zudem starken Anhalt an regulären Einheiten besaß, konnte seine Wirksamkeit nur deshalb entwickeln, weil die entscheidende Voraussetzung des ganzen Unternehmens, nämlich das Zusammenwirken mit der französischen Italienarmee, nicht eintrat.

JOHANN BAPTIST GRAF VON ARCO (UM 1650–1715)

Arco war der wichtigste militärische Berater und Unterführer Max Emanuels während des Spanischen Erbfolgekrieges. Er entstammte einer am Gardasee beheimateten Familie, die schon seit Generationen in kaiserlichen und bayerischen Diensten stand. 1672 trat er in die bayerische Armee ein, in der er mit Ausnahme der Jahre 1675–1683, die er in kaiserlichen Diensten verbrachte, bis zu seinem Tode verblieb. Ab 1683 führte er als Inhaber die Arco-Kürassiere, das berühmteste Regiment der kurbayerischen Kavallerie, an deren Spitze er noch im gleichen Jahr in der Schlacht am Kahlenberg als erster in das türkische Lager einbrach. Er nahm an allen Türkenfeldzügen Max Emanuels teil, 1688 wurde er Generalfeldmarschalleutnant. Nachdem er sich auch im Pfälzischen Erbfolgekrieg ausgezeichnet hatte, insbesondere als Kommandeur der bayerischen Kavallerie bei Neerwinden 1693, führte er von 1698 bis 1713 das Amt des Hofkriegsratspräsidenten (Kriegsminister). 1694 wurde er zum General der Kavallerie, 1702 zum Generalfeldmarschall befördert, noch im gleichen Jahr erhielt er von Philipp V. von Spanien den Orden vom Goldenen Vließ verliehen. Arco war neben Monasterol der wichtigste Verfechter des französischen Bündnisses am bayerischen Hof. Er fungierte während des ganzen Spanischen Erbfolgekrieges in militärischen Dingen als die rechte Hand Max Emanuels, mit dem ihn eine enge persönliche Freundschaft verband. Wie Monasterol und der Kurfürst selbst frönte er der Spielleidenschaft. Max Emanuel soll ihm zeitweise enorme Summen geschuldet haben. Hohe persönliche Tapferkeit, ein guter taktischer Blick, aber auch ein unberechenbares Schwanken zwischen kühner Entschlossenheit und zauderndem Abwarten waren Eigenschaften, die er mit seinem Herrn gemein hatte und die er auch bei seinem einzigen selbständigen Kommando in einer Hauptaktion, der Schlacht auf dem Schellenberg 1704, bewies.

BAYERN WIRD HAUPTKRIEGSSCHAUPLATZ

In Süddeutschland zeichnete sich Mitte August 1703 eine neue konzentrische Offensive der Kaiserlichen gegen die Donaufront, die Oberpfalz und die Innfront ab. Max Emanuel und Villars konnten sich über die strategische Schwerpunktsetzung nicht einigen. Während sie sich stritten, nahm Ludwig von Baden am 5. September kampflos das neutrale Augsburg ein. Damit besaßen die Kaiserlichen ein Bollwerk direkt an der bayerischen Grenze, das sie als Einfallstor in das Kurfürstentum benutzen konnten, ohne die Donau überschreiten zu müssen. Aus dieser verfahrenen Situation wurden die Frankobayern durch die unvorsichtige Bewegung eines gegnerischen Korps unter dem Grafen Styrum befreit, die Villars und Max Emanuel in ausnahmsweise einmal reibungsloser Zusammenarbeit nutzten und diesem Korps in der 1. Schlacht von Höchstädt am 20. September eine schwere Niederlage bereiteten. Aber auch der glänzendste Sieg konnte das Verhältnis zwischen den beiden Feldherren nicht mehr in Ordnung bringen. Villars wurde im November abberufen und durch den gefügigeren Marschall Marsin ersetzt. Max Emanuel machte sich nun unverzüglich an die Belagerung von Augsburg, das am 14. Dezember kapitulierte. Anschließend wandte er sich nach Osten, eroberte Passau und drang in Oberösterreich ein. Gleichzeitig siegten die Franzosen im Westen in der Schlacht am Speyerbach und nahmen Landau ein. Der Schock, den diese Serie von Rückschlägen auf alliierter Seite auslöste, war groß und folgenschwer. Es war nun offensichtlich, daß Kaiser und Reich von der Vielzahl der strategischen Aufgaben überfordert waren. Angesichts einer katastrophalen Finanzlage konnten sie nicht gleichzeitig am Rhein und in Italien gegen die Franzosen kämpfen, die ungarische Erhebung, deren Ausläufer bis nahe Wien reichten, unterdrücken und die befürchteten Angriffe Max Emanuels auf die Erblande und die Reichskreise

Max Emanuel (Mitte im Profil) mit seinem bayerisch-fanzösischen Stab vor dem belagerten Augsburg, Dezember 1703.

Die Radierung des Augsburger Schlachtenmalers Georg Philipp Rugendas d.Ä., der Augenzeuge der Ereignisse war, zeigt Augsburg von Nordwesten. Die Beschießung richtete in den unter Rauchwolken liegenden Stadtvierteln schwere Schäden an. Nach elftägiger Dauer führte die Belagerung am 14. Dezember zur Kapitulation der Stadt und löste zusammen mit den wenig später erfolgten Eroberungen von Passau und Landau durch die Bayern und Fanzosen größte Bestürzung in den alliierten Hauptquartieren aus. Die Graphik ist das erste von sechs Blättern mit Szenen aus der Belagerung und Besetzung von Augsburg, die Rugendas 1705 herausbrachte.

abwehren, geschweige denn ihn in seinem eigenen Land niederringen. Die Rettung für Kaiser und Reich konnte nur von außen kommen, von den verbündeten Seemächten England und Holland mit ihren gewaltigen finanziellen Ressourcen und ihren starken, noch weitgehend intakten Streitkräften. Diese Hilfestellung erfolgte im Frühjahr 1704 in Gestalt einer spektakulären und völlig unerwarteten Kräfteverschiebung vom Niederrhein an die Donau. Die Idee war von dem kaiserlichen Gesandten in London gekommen, dem Grafen Johann Wenzel von Wratislaw, der im Winter 1703/1704 an Marlborough herantrat und ein offenes Ohr fand. Der englische Feldherr beurteilte den Krieg in seiner Gesamtheit. Realisierte sich in Süddeutschland die drohende Niederlage von Kaiser und Reich und schieden sie als aktive Kriegsparteien aus, dann konnten sich die Franzosen ganz auf den Kampf gegen die verbliebenen Mitglieder der Allianz konzentrieren – ein umfassender Sieg Ludwigs XIV. schien in greifbare Nähe gerückt. Ziel seines Feldzugs war für Marlborough keineswegs die Vernichtung des bayerischen Kurfürsten, sondern dessen Bündniswechsel, den man in einem Wechselspiel von militärischem Druck und politischen Angeboten zu bewirken hoffte.

> *»Die bayerische Gefahr ist die wahre innere Krankheit, die auch alle etwaigen Siege auf anderen Kriegsschauplätzen nebensächlich erscheinen läßt.«*
>
> *Prinz Eugen von Savoyen zum holländischen Gesandten Bruyninex in Wien, Januar 1704*

> *»Unser Hauptziel ist es, ihn [Max Emanuel] durch jedes nur denkbare Mittel zu gewinnen..., alle Gelegenheiten zu ergreifen, um den Kaiser unter Druck zu setzen, dem Kurfürsten von Bayern solche Bedingungen zu gewähren, daß er so schnell wie möglich gewonnen werden kann... Wenn Ihr den Kaiser dazu bringt, dem Kurfürsten von Bayern Genugtuung zu geben und ihn zu gewinnen, dann ist es unwesentlich, ob er dafür Mailand, Tirol oder etwas Entsprechendes in irgendeinem anderen Land bekommt ,vorausgesetzt nur, daß der Kurfürst tatsächlich herübergezogen und für die Interessen der Alliierten gewonnen wird.«*
>
> *Königin Anna von England an den englischen Botschafter in Wien, George Stepney, 24. März 1704*

> *»Je mehr ich über diese Expedition nachdenke, desto besser gefällt sie mir; denn alle Briefe, die wir erhalten, zeigen uns klar, daß das Reich, wenn es diese Unterstützung nicht erhält, zwangsläufig dem Ruin entgegengeht.«*
>
> *Marlborough an den englischen Schatzminister Godolphin, 7. Mai 1704*

»Das Ergebnis der Besprechung, die ich mit den beiden Prinzen [Eugen und Ludwig von Baden] geführt habe, ist, daß, wenn wir Erfolg gegen den Kurfürsten haben, alle Dinge gut laufen werden, wenn wir keinen Erfolg haben, alles schlecht ablaufen muß…«

Marlborough an seine Gemahlin Sarah, 15. Mai 1704

Am 20. Mai 1704 brach Marlborough mit 16.000 Engländern und Holländern westlich von Köln auf. Durch Zuzüge deutscher und dänischer Truppen, die alle im seemächtlichen Sold standen, wuchs seine Armee allmählich auf 40.000 Mann an. Der Herzog ging mit seinem von den holländischen Verbündeten nicht autorisierten Unternehmen ein großes Risiko ein, das ihn im Fall des Mißerfolgs seine militärische und politische Karriere kosten und einen Regierungswechsel in London bewirken konnte. Als sich nach sechswöchigem reibungslosen Marsch am 22. Juni die Streitkräfte Marlboroughs und Ludwigs von Baden nördlich von Ulm vereinigten, hatte sich der Schwerpunkt des ganzen Krieges an die obere Donau verlagert.

Die Entwicklung der strategischen Lage zwischen 1702 und 1704 zeigt, daß Max Emanuel mit seinem Kriegseintritt auf der Seite Frankreichs den Nerv der Machtverhältnisse getroffen hatte und damit Kräfte auf den Plan rief, die seiner Kontrolle zusehends entglitten. Der Krieg in Süddeutschland war von einer ständigen Eskalation gekennzeichnet, bis sich im Sommer 1704 der Schwerpunkt des ganzen großen europäischen Konflikts auf diesen Schauplatz verlagerte. Die Hauptarmeen beider Seiten stießen schließlich an der Donau in einer Schlacht zusammen, die mit den pathetischen Worten Winston Churchills »die politische Achse der Welt verschob.«

JOHN CHURCHILL, 1689 EARL, 1702 1ST DUKE OF MARLBOROUGH (1650–1722)

Der Oberbefehlshaber der seemächtlichen Truppen stand 1702 erstmals in seinem Leben an der Spitze einer großen Armee. Zwar hatte der aus einer wenig begüterten Familie des englischen Kleinadels stammende Offizier in jungen Jahren das Kriegshandwerk unter dem Befehl des großen französischen Feldherrn Turenne erlernt – Ludwig XIV. nannte ihn damals »den schönen Engländer« –, doch schlug er in der Folgezeit eine vorwiegend politische Laufbahn ein. Von Haus aus ein Tory, ein konservativer Anhänger der Stuarts, machte er zunächst in diesem politischen Lager Karriere und wurde zum engen Vertrauten des Herzogs von York, der 1685 als Jakob II. den Thron bestieg. Aber in der »Glorreichen Revolution« von 1688 stellte er sich gegen den katholischen, frankreichfreundlichen König, seinen bisherigen Gönner, und ging in das Lager der Whigs über, welche die protestantische Thronfolge durchsetzten und mit Wilhelm von Oranien den erbittertsten Feind Ludwigs XIV. zum König machten (Wilhelm III.). Der Regierungsantritt Königin Annas, der protestantischen Tochter Jakobs II. und letzten regierenden Stuart, ermöglichte dann den steilen Aufstieg Churchills, den er nicht zuletzt auch seiner ehrgeizigen Frau Sarah, die die vertrauteste Freundin der Königin war und großen Einfluß auf sie ausübte, zu verdanken hatte.

Mit dem Schatzkanzler und Ersten Minister Godolphin lenkte der frischgebackene Herzog von Marlborough von 1702 an die Kriegspolitik des Landes und nahm mit Geschick militärische wie diplomatische Aufgaben wahr. Marlborough kommandierte ab Sommer 1702 als Captain-General die Gesamtheit der seemächtlichen Truppen in den Niederlanden und eroberte mehrere Festungen, darunter das kurkölnische Bonn. Ab 1704 entwikkelte sich eine kongeniale Zusammenarbeit mit dem kaiserlichen Oberkommandeur, dem Prinzen Eugen von Savoyen. Mit seinen Siegen vom Schellenberg, von Höchstädt und von Ramillies wurde Marlborough zur wahren Nemesis Max Emanuels. Sein überraschender Donaufeldzug 1704 eliminierte den bayerischen Kriegsschauplatz, der brillante Sieg von Ramillies 1706 kostete Max Emanuel den größten Teil der Niederlande, 1708 brachte Marlborough die letzte militärische Aktion des Kurfürsten, den Vorstoß auf Brüssel, zum Scheitern. 1705 erhob ihn der dankbare Kaiser zum Reichsfürsten von Mindelheim. Das schwäbische Territorium hatte Max Emanuel gehört und wurde diesem beim Friedensschluß zurückerstattet. 1708 siegte Marlborough gemeinsam mit Prinz Eugen bei Oudenaarde und nahm Lille, 1709 errangen die beiden den Pyrrhussieg von Malplaquet. Ab 1708 fielen die Marlboroughs bei der Königin zusehends in Ungnade, 1710 stürzte die Regierung Godolphin und die isolationistischen Tories übernahmen die Macht in dem kriegsmüden Land. Ende 1711 wurde der Herzog, obwohl er militärisch weiterhin erfolgreich war, wegen angeblichen Amtsmißbrauchs und Selbstbereicherung entlassen, wobei man ihm in einer hitzigen Pressekampagne, deren Wortführer der Schriftsteller Jonathan Swift war, unterstellte, den Krieg im Eigeninteresse bewußt in die Länge zu ziehen. Marlborough ging in ein freiwilliges Exil, wobei er 1713 die Gelegenheit wahrnahm, zum ersten und letzten Mal sein Fürstentum Mindelheim zu besuchen. Der Tod Königin Annas und der Regierungsantritt Georgs I. aus dem Haus Hannover 1714 brachten die volle Rehabilitation. Zum Dank für seinen Sieg von Höchstädt (in England: *Battle of Blenheim*), durfte Marlborough sich ab 1705 das riesige Schloß Blenheim Palace bei Woodstock nahe Oxford auf Staatskosten bauen. Dort wurde 1874 sein Nachfahre und bedeutendster Biograph Winston Churchill geboren. Marlborough, der in seiner ganzen Laufbahn keine einzige Niederlage erlitt, war zusammen mit Prinz Eugen der größte Feldherr des Zeitalters. Er galt als der reichste nicht regierende Mann Europas und trug, wie die meisten großen Feldherren dieser Zeit, mit Eifer, Kunstschätze zusammen, wobei er sich mit kaiserlicher Erlaubnis auch in den Sammlungen des geflohenen Max Emanuel bediente. In merkwürdiger Weise befruchteten sich damals Krieg und Kultur

10 Die Katastrophe

Mit dem Anmarsch Marlboroughs strebten die Ereignisse der entscheidenden Katastrophe zu. In der 2. Schlacht von Höchstädt am 13. August 1704 entluden sich auf wenigen Quadratkilometern Konflikte, die sich seit Jahren und Jahrzehnten angestaut hatten. Einige von ihnen wurden durch die große Schlacht entschieden, um die Lösung anderer kämpfte man noch ein Jahrzehnt weiter. Zu den Fragen, die bei Höchstädt eine für diesen Krieg, wenn nicht für immer abschließende Antwort fanden, war die des Aufstiegs der Bayerischen Wittelsbacher zur Großmacht. 1704 wurde für Max Emanuel nach 1699, dem Todesjahr Joseph Ferdinands, zum zweiten Jahr der Schicksalswende und des Verhängnisses.

BAYERN BRENNT

Spätestens seit dem 1. Juni ahnte Max Emanuel, daß der Anmarsch der seemächtlichen Armee ihm galt, am 5. Juni begann er dringende Hilfsgesuche nach Versailles zu schicken. Für die Franzosen nahm sich die Sache zunächst nicht so eindeutig aus. Am 23. Juni, einen Tag nachdem Marlborough sich mit Ludwig von Baden vereinigt hatte, erteilte Ludwig XIV. endlich dem Marschall Tallard den Befehl, mit der 25.000 Mann zählenden Oberrheinarmee den Schwarzwald zu überqueren und Max Emanuel zu Hilfe zu eilen, während Marschall Villeroy, der mit 26.000 Mann, einem Teil der Niederrheinarmee, parallel zu Marlborough auf einer westlichen Route nach Süden gezogen war und im Raum Landau stand, die Deckungsaufgaben Tallards am Oberrhein übernehmen sollte. Kostbare Zeit war inzwischen verloren worden. Weder hatte man den Marsch Marlboroughs behindert, noch die Niederlande bedroht, noch dem Kurfürst rechtzeitig Verstärkung geschickt. So hatten die Alliierten im strategischen Wettlauf nach Bayern einen unter Umständen entscheidenden Vorsprung gewonnen.

Als Marlborough und Markgraf Ludwig mit ihren 52.000 Mann nördlich der Donau weiter nach Osten marschierten, bezogen Max Emanuel und Marsin mit ihren 35.000 Mann das bewährte verschanzte Lager zwischen Lauingen und Dillingen, von dem aus sie die Donaulinie verteidigen wollten. Max Emanuel glaubte nicht, daß die Krise lange dauern würde, da er in unangebrachtem Vertrauen auf die Einsicht der französischen Marschälle annahm, Tallard und Villeroy würden ihre gewaltige Übermacht an der Rheinfront dazu nutzen, unverzüglich nach Osten vorzustoßen.

In der Erwartung, daß die Alliierten die Dillinger Stellung umgehen und weiter östlich versuchen würden, den Donauübergang zu erzwingen, schickte Max Emanuel am 1. Juli ein Korps unter dem bayerischen Marschall Arco nach Donauwörth, das mit 10.000 Mann den dominierenden Schellenberg nordwestlich der Stadt besetzte und sich zu verschanzen begann. Am Nachmittag des 2. Juli erschienen Marlborough und Ludwig von Baden mit ihrer gesamten Macht und eröffneten unverzüglich den Frontalangriff, um Max Emanuel keine Gelegenheit zu geben, rechtzeitig mit seiner Hauptarmee seinem Marschall zu Hilfe zu kommen. Dieser wehrte mehrere Angriffe ab, wurde aber schließlich von der Übermacht überwältigt. Mehr als 5.000 Mann verloren die Alliierten, etwa 4.000 die Bayern und Franzosen, aber Marlborough hatte sein Ziel erreicht: Die Donaulinie war durchbrochen.

Zur Überraschung Marlboroughs zog sich der Kurfürst nicht zur Deckung seines Landes hinter den Lech zurück, sondern marschierte nach Augsburg, wo er in einem verschanzten Lager die Ankunft Tallards abwarten wollte. So schrecklich die Folgen für sein Land werden sollten, so hat sich Max Emanuel hier als ein bemerkenswert konsequent handelnder Stratege erwiesen.

Die Alliierten folgten ihm nach Friedberg und verschanzten sich ihrerseits auf dem rechten Lechufer so daß man sich in den nächsten Wochen mit verkehrter Front gegenüberstand. Da die von den Kaiserlichen versprochene schwere Artillerie ausblieb, konnten die Alliierten vorerst keine befestigten Plätze angreifen. Stattdessen begannen Streifscharen damit, die Siedlungen im westlichen Bayern systematisch zu plündern und niederzubrennen. 400 Dörfer mit 7.675 Wohnstätten fielen im Lauf der nächsten fünf Wochen dieser Verwüstungsstrategie zum Opfer.

Bayern brennt.

Auf einem der zahlreichen allegorischen Kupferstiche, die dem anläßlich der Rückkehr Max Emanuels aus dem Exil 1715 von den oberdeutschen Jesuiten herausgegebenem Prachtwerk »Fortitudo Leonina« beigegeben wurden, wird auf die Verwüstung Bayerns durch die Alliierten im Sommer 1704 angespielt.

Das Schriftband oben betont das Mitgefühl des Helden mit den Unglücken des Vaterlandes, der Text unten vergleicht Bayern mit dem brennenden Troja, aus dem Aeneas, Stammvater Roms, zu fliehen gezwungen wird. Aeneas, dessen Schicksal inmitten von Katastrophen den Keim zu künftiger Größe barg, wurde während des Exils zum Lieblingshelden des Kurfürsten; wie sich auch Max Emanuel nach Höchstädt seine historische Rolle vorstellte. Die Deckenfresken im Neuen Schloß Schleißheim legen davon beredtes Zeugnis ab.

> *»Wir schickten diesen Morgen 3000 Husaren los in Richtung auf seine Hauptstadt München mit Befehl, alles Land im Umkreis niederzubrennen und zu zerstören. Dies ist so sehr meiner Natur entgegen, daß mich nur eine absolute Notwendigkeit veranlassen konnte, mich in diese Maßnahme zu fügen, denn diese armen Leute leiden nur für den Ehrgeiz ihres Meisters, nachdem es seit über 60 Jahren keinen Krieg in diesem Land gegeben hat. Diese Städte und Dörfer sind so sauber und hübsch, daß Du Deine Freude an ihnen hättest.«*
>
> *Marlborough an seine Gemahlin Sarah, Friedberg, 30. Juli 1704*

Marlborough wollte auf diese Weise den in unangreifbarer Position verschanzten Max Emanuel unter Druck setzen und dazu veranlassen, das französische Bündnis zu verlassen und zu den Alliierten überzugehen. Im Nachhinein ist es fast allen Beobachtern so erschienen, als sei eine große Entscheidungsschlacht von Anfang an das Ziel der alliierten Strategie gewesen. Tatsächlich war die 2. Schlacht von Hochstädt aber ein Notbehelf. Denn man habe es vorgezogen, den Kurfürsten durch Drohungen und Lokkungen, notfalls eben auch durch Terror auf die Seite der Allianz zu ziehen, um die militärische Potenz Bayerns nicht unter hohen eigenen Verlusten und schweren Risiken zerschlagen zu müssen, sondern sie sich selbst zunutze zu machen und damit den französischen Vorposten in Süddeutschland zu eliminieren.

Max Emanuel hatte noch während Marlboroughs Anmarsch Verhandlungen mit den Alliierten angeknüpft. Sie hatten zunächst mehr hinhaltenden als ernsthaften Charakter, doch änderte sich das nach der Schlacht auf dem Schellenberg. Gründe hierfür waren zum einen die verschlechterte militärische Situation und die Verwüstung seines Landes, die dem Kurfürsten schwer zu schaffen machte, wie seine Verbündeten mit begreiflicher Beunruhigung feststellen mußten, zum anderen der Umstand, daß von dem sehnlichst erwarteten Anmarsch einer neuen französischen Armee nichts zu sehen und zu hören war. Die Zerstörung seines Landes, die geradezu unter seinen Augen vor sich ging, war nicht nur eine Seelenmarter für den Kurfürsten, sie bewirkte auch eine Beeinträchtigung seiner Machtstellung und seines Prestiges als Landesherr, indem sie seine Unfähigkeit demonstrierte, Land und Volk vor dem Zugriff des Feindes zu schützen und seine Autorität aufrechtzuerhalten. Zwar detachierte Max Emanuel den größeren Teil der bayerischen Truppen zum Schutz der wichtigsten Plätze, doch konnten sie nicht den flächendeckenden Verwüstungen offen entgegentreten, ohne ihre Vernichtung durch die feindliche Übermacht zu riskieren. Die Verwaltung brach in weiten Teilen des Landes zusammen. Der Versuch, eine Art Generalmobilmachung zu unternehmen, fand in der entmutigten Bevölkerung wenig Widerhall. Nur noch von einem gewaltigen Befreiungsschlag war eine Wende zu erhoffen, und dafür brauchte man eine weitere französische Armee, doch diese realisierte sich nicht. So blieb nur der Verhandlungsweg.

Die Alliierten sahen sich gleichfalls unter Zeitdruck, denn sie wollten eine Lösung erzwingen, bevor die von Max Emanuel erhoffte französische Hilfsarmee doch noch erschien. So traten nun die Gespräche, in die sich auch noch ein Gesandter des preußischen Königs einschaltete, in ein akutes Stadium. Letzterer war an einem alliierten Entgegenkommen besonders interessiert, da der bayerische Präzedenzfall einer territorialen Expansion innerhalb des Reiches geeignet war, Preußen den Weg zu ähnlichen Gewinnen im Fränkischen Kreis zu ebnen. Der Kurfürst führte diese Verhandlungen mit Wissen und Einverständnis Marsins und der anderen französischen Generäle. Am 11. Juli boten die Alliierten für den Einsatz von 12.000 bayerischen Soldaten auf ihrer Seite hohe Subsidienzahlungen, ferner die Grafschaft Neuburg am Inn und die schwäbisch-vorderösterreichische Markgrafschaft Burgau, beide in habsburgischem Besitz, während England und Preußen versprachen sich darum zu kümmern, daß Max Emanuel in irgendeiner Form zu einer Königskrone gelange. Die französische Donauarmee sollte freien Abzug zum Rhein erhalten. Max Emanuel war einverstanden und wollte am 14. Juli die Abmachung in Friedberg unterzeichnen. Während sich Graf Wratislaw an den Verhandlungsort begab, traf in Augsburg die Nachricht ein, die mit einem Schlag die Bemühungen der Diplomaten zunichte machte: Ein Bote Tallards meldete, die Armee des Marschalls habe den Schwarzwald passiert und werde am 14. Juli Villingen erreichen.

»Alles hat sich von grundauf geändert«, schrieb Max Emanuel seiner Gemahlin. Dem Verbündeten gegenüber stand er nun im Wort. Die Aussicht, den Alliierten an Stärke gewachsen, womöglich überlegen zu sein, mußte nach den demütigenden Verhandlungen der letzten zwei Wochen auf Max Emanuel wie eine Befreiung wirken, und öffnete dem ungebrochenen Ehrgeiz des Kurfürsten wieder die Bahn. So verwarf er zur tiefen Enttäuschung der Alliierten das ausgehandelte Abkommen. Seine Geduld wurde aber noch auf eine harte Probe gestellt, denn es

KurfürstinTheresia Kunigunde Sobieska mit einem Portraitmedaillon ihres ältesten Sohnes Karl Albrecht, des künftigen Kaisers Karl VII.. Johann Andreas Wolff hat das Bild der 28jährigen Kurfürstin gleichzeitig mit dem Portrait ihres Gatten geschaffen.

Max Emanuel an seinem 42. Geburtstag (11. Juli 1704), einen Monat vor der verhängnisvollen Schlacht von Höchstädt. Ölgemälde von Johann Andreas Wolff, München 1704.

Der Kurfürst erscheint schwer gezeichnet von der Krise des Spanischen Erbefolgekrieges. Die geschwollenen Augen sind Folge eines chronischen Augenleidens.

sollte fast drei Wochen dauern, bis der mit geradezu unglaublicher Langsamkeit vorrückende Tallard bei Augsburg eintraf.

Während des langen Wartens nahmen Marlborough, Wratislaw und der äußerst bayernfreundlich eingestellte preußische Gesandte die diplomatischen Kontakte wieder auf. Der englische Feldherr gab der kleinlichen Feilscherei des Kaisers die Schuld am Mißerfolg der bisherigen Verhandlungen und drohte mit einem separaten Abkommen zwischen den Seemächten und Bayern. Doch Max Emanuel war im Vertrauen auf das baldige Eintreffen Tallards nicht mehr ernsthaft interessiert und brach Ende des Monats die Kontakte ab.

DIE SCHICKSALSSCHLACHT

Der strategische Wettlauf zum schwäbisch-bayerischen Kriegsschauplatz strebte nun seinem Höhepunkt zu. Seit Juni befand sich auch der berühmteste Feldherr der Kaiserlichen, Prinz Eugen von Savoyen, gleichfalls ein alter Waffengefährte Max Emanuels aus dem Türkenkrieg, in Süddeutschland. Er bekleidete seit dem Winter das Amt des Hofkriegsratspräsidenten (Kriegsminister). In Besprechungen mit Marlborough und Ludwig von Baden war man schon während des Anmarsches der seemächtlichen Truppen übereingekommen, daß Eugen die Oberrheinfront übernehmen und die französische Übermacht so lange hinhalten sollte, bis gegen Bayern auf diplomatischem oder militärischem Weg die Entscheidung gefallen war. Für diese Aufgabe verfügte der Prinz über 25.000 Mann, welche die Stollhofener Verschanzungslinie bei Rastatt besetzt hielten. Ihnen standen Ende Juni Tallard und Villeroy mit zusammen 51.000 Mann gegenüber.

Am 29. Juni trat Tallard seinen Marsch durch den Schwarzwald an, während Villeroy von Landau auf Straßburg vorrückte. Prinz Eugen vertraute auf die Unfähigkeit des ihm aus Italien bekannten Villeroy und zog mit 14.000 Mann nach Rottweil, um Tallard zu beschatten. Nur 11.000 Mann blieben in den Stollhofener Linien zurück, was sich aber als völlig ausreichend erwies, um Villeroy trotz mehr als doppelter Übermacht in Tatenlosigkeit verharren zu lassen. Nach der ebenso überflüssigen wie erfolglosen Belagerung Villingens zog Tallard am 22. Juli endlich Richtung Augsburg weiter, von wo ihn dringendste Hilferufe erreichten. Hätte er mit der gebotenen Schnelligkeit gehandelt, und wäre Villeroy Prinz Eugen nördlich der Donau gefolgt, wie es der dezidierte Wille Ludwigs XIV. war, hätte dies die Alliierten in eine fatale Situation gebracht, da sie keine Armee in Reserve hatten, um diesen neuerlichen Kräftezuwachs des Gegners auszugleichen. So konnte Prinz Eugen ungehindert Tallard nördlich der Donau in einem Parallelmarsch folgen, um am Ort der Entscheidung die Kräfteverhältnisse zugunsten der Alliierten ins Gleichgewicht zu bringen.

Tallard und Prinz Eugen erreichten gleichzeitig am 3. August den Hauptschauplatz, indem jener westlich von Augsburg, dieser in Höchstädt zwischen Dillingen und Donauwörth eintraf. Marlborough hatte mittlerweile die Friedberger Stellung aufgegeben und war nach Nordosten in den Schrobenhausener Raum marschiert, womit er sich Prinz Eugen näherte.

Max Emanuel drängte nun darauf, unverzüglich die Initiative zu ergreifen und Prinz Eugen mit großer Übermacht zum Kampf zu stellen, solange dieser noch isoliert nördlich der Donau stand. Tallard war mit einer so aggressiven Strategie ganz und gar nicht einverstanden. Man brauchte seiner Ansicht nach gar nichts weiter zu tun, als nördlich der Donau die rückwärtigen Verbindungen des Gegners, die über Nördlingen und Nürnberg liefen, zu bedrohen und in unangreifbaren Positionen auszuharren, bis die Truppen der Seemächte im Herbst den Heimmarsch antreten mußten. So könne man den Feldzug und womöglich den Krieg gewinnen, ohne das unkalkulierbare Risiko einer Schlacht einzugehen.

Da das Resultat der entgegengesetzten Strategie bekannt ist, hat man Tallards Raisonnement vielfach zugestimmt. Tatsächlich hätte aber die konsequente Vermeidung des Schlachtenrisikos bedeutet, daß man den Gegner nicht daran hindern konnte, eine Stadt nach der anderen zu belagern und einzunehmen und mit seiner Verwüstungsstrategie fortzufahren. Zudem geht aus der Korrespondenz Marlboroughs hervor, daß er keineswegs beabsichtigte, an den Niederrhein zurückzukehren, bevor eine Entscheidung in Bayern erreicht war, und er ein Überwintern auf dem süddeutschen Kriegsschauplatz durchaus nicht ausschloß.

Der Streit zwischen Max Emanuel und Tallard endete mit einem Kompromiß. Die vereinigten Armeen des Kurfürsten, Marsins und Tallards rückten in einer Gesamtstärke von etwas über 50.000 Mann in Richtung Lauingen vor, doch zu langsam, um Max Emanuels Absicht noch verwirklichen zu können, den Gegner en detail zu schlagen. Am 10. August überschritten die Frankobayern die Donau und wandten sich nach Osten, Richtung Donauwörth. Am 12. August schlug man ein Lager hinter dem Nebelbach ostwärts von Höchstädt auf. Die gegnerischen Truppenbewegungen hielt man für den Beginn des Rückzugs nach Norden, also einen Erfolg der Tallardschen Strategie. In der Position hinter dem Nebelbach wurden die Frankobayern wider Erwarten am 13. August von den etwa gleichstarken Alliierten angegriffen.

Nachdem Ludwig von Baden am 6. August zur Belagerung von Ingolstadt abmarschiert war, während Prinz Eugen westlich von Donauwörth stehen blieb und Marlborough mit seiner Hauptmacht um Schrobenhausen die Operationen des Gegners abwartete, spitzte sich die Lage zu, als der Donauübergang der Frankobayern bekannt wurde. Marlborough setzte seine Armee zur Unterstützung Prinz Eugens in Marsch, am Abend des 11. August standen die Truppen der beiden Feldherren vereinigt wenige Kilometer ostwärts der feindlichen Stellung und bereiteten den Angriff für den Morgen des 13. vor.

Obwohl die Franzosen und Bayern von dieser Offensive völlig überrascht wurden, hätte die falsche Lagebeurteilung nicht notwendig eine Niederlage zur Folge haben müssen. Der Aufmarsch des Angreifers dauerte bis Mittag, so daß man noch genügend Zeit fand, die Truppen in Schlachtordnung zu bringen. Die Zahlenverhältnisse waren mit jeweils 50.-55.000 Mann ausgeglichen, worunter sich übrigens nur 6.000 Bayern befanden. Die Stellung, die sich hinter der morastigen Niederung des Nebelbaches fast 7 km zwischen den waldigen Anhöhen im Norden und der Donau im Süden erstreckte, bot durchaus Vorteile. Die Schlacht von Höchstädt wurde nicht durch die vorausgegangenen Operationen entschieden, auch nicht durch qualitative Unterschiede der Armeen, sondern durch die taktische Führung auf dem Schlachtfeld.

Ein einheitliches Oberkommando gab es weder auf der einen noch auf der anderen Seite, doch hatte sich zwischen Marlborough und Prinz Eugen ein kongeniales Zusammenwirken eingestellt, das in der zerstrittenen französisch-bayerischen Führung gänzlich fehlte. Den rechten, südlichen Flügel und das rechte Zentrum der Frankobayern übernahm die Armee Tallards, in nordwestlicher Richtung schloßen sich die integrierten Armeen Marsins und Max Emanuels an. Auf alliierter Seite bildete die größere Armee Marlboroughs den linken Flügel und das Zentrum, Eugens, durch seemächtliche Truppen verstärkte kleinere Armee fungierte als rechter Flügel.

Um 12.30 begann die Schlacht mit einem wuchtigen Angriff Marlboroughs auf das nahe der Donau gelegene Dorf Blindheim, nach dem die Engländer die Schlacht benennen sollten (»Battle of Blenheim«). Er wurde blutig abgeschlagen, veranlaßte Tallard aber, die Masse seiner Infanteriereserve voreilig in das Dorf zu werfen. Der englische Feldherr verlagerte nun seinen Schwerpunkt in das Zentrum, und ließ in enger Kooperation von Infanterie und Kavallerie den Nebelbach überschreiten. Entgegen dem Rat Max Emanuels sah Tallard diesem Vorgehen tatenlos zu, bis der Gegner überlegene Massen diesseits des Baches in Stellung gebracht hatte, an denen die Gegenattacken der Franzosen abprallten. Prinz Eugens Flügel wurde von Max Emanuel in massiven Gegenattacken dreimal zurückgeworfen. Die häufig geäußerte Ansicht, Eugen habe mit unterlegenen Kräften einen selbstaufopfernden sekundären Angriff geführt, ist unzutreffend. Die Kräfteverhältnisse waren auch hier ausgeglichen. Daß Marlborough schließlich am entscheidenden Punkt eine erhebliche Übermacht zusammenziehen konnte, hing mit der falschen Kräftedisposition Tallards zusammen. So fiel im Abschnitt Tallards die Entscheidung und machte alle Erfolge am linken Flügel illusorisch. Um 17.30 durchbrach Marlborough mit einem Massenangriff der Kavallerie das rechte Zentrum und stieß zur Donau vor. Max Emanuel und Marsin sahen sich nach der Zertrümmerung der Tallardschen Armee in Flanke und Rücken bedroht und leiteten einen geordneten Rückzug ein. Der Durchbruch Marlboroughs isolierte Blindheim mit seiner 12.000 Mann zählenden Besatzung. Diese streckte um 20 Uhr die Waffen.

Die Verluste an Toten und Verwundeten scheinen auf beiden Seiten mit je 12.500-13.000 Mann gleich hoch gewesen zu sein. Damit war Höchstädt die weitaus blutigste Schlacht, die jemals auf bayerischem – damals pfalz-neuburgischem – Boden geschlagen worden ist: Insgesamt fielen 12.000 Gefangene den Siegern in die Hände, darunter Marschall Tallard. Tausende desertierten noch in den nächsten Tagen. Wenn es auch nicht möglich war, eine Großmacht wie Frankreich mit einer einzigen Schlacht in die Knie zu zwingen, so galt das nicht für eine mittlere Macht wie Bayern. Für Max Emanuel und sein Land bedeutete der Tag von Höchstädt die absolute Katastrophe. Der Kurfürst bedrängte seinen Verbündeten mit dem Vorschlag, bei Ulm dem nachrückenden Gegner standzuhalten und mit den noch ausstehenden Truppen aus den bayerischen Garnisonen in einem neuen Waffengang eine Revision der Entscheidung zu versuchen, doch waren die Franzosen zu keinem weiteren Risiko zu bewegen. Es blieb Max Emanuel nichts übrig, als sich dem Rückzug anzuschließen. Am 1. September erreichte man Straßburg. Der Kampf um den Aufstieg des Hauses Bayern zur Großmacht war entschieden, in den folgenden zehn Kriegsjahren ging es für Max Emanuel nur mehr um Schadensbegrenzung

> *»…ist das kleine Dorf Blindheim und die ganze umliegende Gegend in einem Umkreis von fünf bis sechs Stunden noch dergestalt verwüstet, daß man denken sollte, die Armeen hätten sie jetzt eben erst verlassen… Obgleich zu dieser Zeit [2. Juli] das Getreide in dieser Ebene sehr hoch stand, so konnten wir dennoch gar viele schreckliche Spuren des Trauerspiels, das hier aufgeführt worden, ganz deutlich erkennen. Stücke von halbbegrabenen Körpern, Füße, Arme, Hirnschädel, ganze Gerippe von Menschen und Pferden, mit Flintenkolben, Degentrümmern und Lumpen vermischt, welche die Bauern nach dem Abzug der Armeen nicht für wert gehalten aufzusammeln, stellten dem Auge und der Einbildungskraft den greulichsten und fürchterlichsten Anblick dar. Eine so schreckliche Aussicht brachte mich darauf, der unverantwortlichsten Torheit der Menschen nachzudenken, welche mit einer viehischen Wut erfüllt, der sie den Namen Tapferkeit beilegen, einander auf das grausamste niedermetzeln, ohne eine persönliche Feindschaft und Rachbegierde gegeneinander zu hegen, und bloß weil sie sagen, zur Ehre, um ein Aufsehen in den Zeitungen zu machen. Elende Opfer für den unmenschlichen Ehrgeiz der Fürsten.«*
>
> *J. de Blainville, ehemaliger Gesandtschaftssekretär der Generalstaaten in Madrid, über seinen Besuch des Schlachtfeldes von Höchstädt am 2. Juli 1705, Reisebeschreibungen (1764–67)*

Ich habe der bayerischen Phase des spanischen Erbfolgekrieges und der Genesis der Höchstädter Katastrophe besonders breiten Raum gegeben, da es sich hier um die zentrale Krise im Leben des Kurfürsten handelt, von deren Ausgang das Bild des Kurfürsten geprägt wird. Dabei sollte gezeigt werden, daß Max Emanuel zweifellos sich 1702-1704 auf enorme Risiken eingelassen hat, daß aber seine Politik und seine Strategie keine Traumtänzereien darstellten und nicht von vornherein aussichtlos waren, wie es oft dargestellt wird, sondern daß das Scheitern in zum Gutteil unvorhersehbaren Umständen wie dem Eingreifen Marlboroughs und dem Versagen der Marschälle Villeroy und Tallard begründet war.

IN ACHT UND BANN

»Sire, Ich hoffe, Eure Majestät legt mir nicht das Unglück an den Linien zur Last, deren sich die Feinde bemeistert haben. Die schlechten Eindrücke, die man Eurer Majestät von meinem Verhalten vermittelt, sind mir nicht unbekannt. Und wenn Ihr allem Aufmerksamkeit schenkt, was man Euch über mich berichtet, dann wird mich mein schlechter Stern stets begleiten und, so lange ich mich an der Spitze Eurer Armeen befinde, wird es immer schlimmer werden; und man wird keine Bedenken tragen, mir alle Schicksalsschläge zur Last zu legen, die sich im Krieg in Brabant zutragen werden, wie man es mit denen in Bayern gemacht hat. Monsieur de Villeroy kann mir die gebührende Gerechtigkeit widerfahren lassen, daß diese Beschuldigung schlecht begründet ist… Im übrigen ist der Schaden nicht so groß, wie man ihn gemacht hat.«

Max Emanuel an Ludwig XIV., Lager bei Berlehem, 18. Juli 1705

Marlborough war immer noch verhandlungsbereit. Er bot an, Max Emanuel könne im Falle des Seitenwechsels in sein Land zurückkehren und für die Stellung von 8.000 Soldaten von den Seemächten Subsidien erhalten. »Aber ich halte es für ausgemacht«, schrieb Marlborough am 21. August an seine Gemahlin, »daß er entschlossen ist, mit Frankreich zu gehen und sein Land der Wut der Deutschen zu überlassen.«

Selbstglorifizierung und Verhöhnung.

Ende 1703 war eine Max Emanuel als Sieger feiernde Silbermedaille des Philip Heinrich Müller herausgekommen. Sie zeigte in Wiederholung einer im Jahr zuvor auf die Einnahme von Ulm geprägten Medaille den Kurfürsten als triumphierenden Imperator, in den Händen ein lorbeerumschlungenes Schwert und einen Schild mit dem Marienmonogramm (Ulm war am Geburtstag Mariens erobert worden). Er steht auf einem Podest, das die Wappen der eroberten Reichsstädte Ulm und Augsburg ziert (auf der Rückseite der Medaille werden 14 weitere Städte aufgeführt). Das Podest trägt die Inschriften »Arte et Marte« (»Mit Kunst und kriegerischer Gewalt«) und »In utroque magnus« (»Groß in den Wechselfällen des Schicksals«). Links und rechts blicken der Flußgott Donau und eine kapitulierend ihren Schlüssel überreichende Stadtgöttin bewundernd zu ihrem Bezwinger empor. Hinter dem Kurfürsten ein Wald erbeuteter Fahnen und Standarten.

Darauf antwortete nach der großen Wende bei Höchstädt eine das Vorbild persiflierende Medaille des Johann Kittel: Max Emanuel verläßt fluchtartig das Podest, während die Trophäen hinter ihm zusammenfallen, der Flußgott seinen Dreizack gegen den Fliehenden kehrt und die Verkörperung Bayerns entsetzt die Hände ausstreckt. Das Podest trägt nun die Inschriften »Pudore et terrore« (»Mit Scham und Schreck«) und »Hinc et inde fugatus« (»Von hier und hinnen entflohen«)

Damit sollte er vollkommen recht behalten. Nur indem Max Emanuel der Sache Ludwigs XIV. treu blieb, bis sich, wie er hoffte die Kriegslage wieder zugunsten der Franzosen wenden würde, konnte er irgendeinen Gewinn beim Friedensschluß erhoffen. Schließlich stand Ludwig XIV. mit der Zusicherung der souveränen Herrschaft über die Niederlande im Wort.

Der Kurfürst »machte sein Kreuz über Bayern«, übergab die Regentschaft an seine Gemahlin und begab sich als »Generalvikar« in die Niederlande. Er hatte erwartet, als souveräner Herrscher in Brüssel einziehen zu können, doch hätte das Spanien empört. So wurde Max Emanuel auf den Friedensvertrag vertröstet und erhielt die künftige Souveränitätsübertragung von Philipp V. in einem geheimen Schreiben bestätigt. 1705 fanden Verhandlungen zwischen Frankreich, Spanien und den Generalstaaten statt, in denen die verschiedensten Tauschprojekte und Teilungspläne durchgespielt wurden, doch erwiesen sich alle für die eine oder andere Seite als inakzeptabel. Trotzdem sind diese Gespräche von Interesse, da sie die erste Runde bildeten in einer unübersehbaren Reihe derartiger Verhandlungen und Projektmachereien, die erst mit den Friedensschlüssen der Jahre 1713 und 1714 zum Abschluß kommen sollten.

Gleichzeitig traten die Ungarn an Max Emanuel heran und boten ihm die Krone ihres Landes an. Der Kurfürst verhielt sich hinhaltend: Die Krone einer Wahlmonarchie, die in einem höchst unsicheren Krieg überhaupt erst noch gewonnen werden mußte, dazu in einem Land, das durch das Reich und die habsburgischen Erblande von Bayern, Frankreich und den Niederlanden getrennt war, konnte keine ernsthafte Option darstellen. 1707 erneuerten die Ungarn ihr Angebot mit Nachdruck. Gewiß war dies Balsam für die Seele des vom Unglück verfolgten Kurfürsten, er blieb aber realistisch genug, auf seiner Absage zu beharren.

1706 erwies sich als erneutes Katastrophenjahr. Obwohl ihm formal der Oberbefehl in den Niederlanden zustand, besaß Max Emanuel tatsächlich keine militärische Handlungsfreiheit mehr. Es erschien der französischen Führung wenig angebracht, einem machtlosen, nur noch über sehr schwache Streitkräfte verfügenden, mehr lästigen als nützlichen Verbündeten, dessen immer trostlosere Situation verzweifelte Entschlüsse, unter Umständen gar eine plötzliche politische Kehrtwendung befürchten ließen, uneingeschränkten Spielraum bei der Kriegführung an der für Frankreich wichtigsten Front zu gewähren. So stellte man ihm einen französischen Marschall zur Seite, bei dem die eigentliche Entscheidungskompetenz lag. 1705 und 1706 war dies der uns schon bekannte Villeroy, ein Fachmann im Heraufbeschwören militärischer Debakel, doch Jugendfreund und Günstling Ludwigs XIV. Am 22. Mai 1706 gedachte dieser mit 60.000 Mann bei Ramillies dem etwa gleich starken Herzog von Marlborough eine Schlacht zu liefern. Den Kurfürsten lud er erst im letzten Augenblick auf das Schlachtfeld ein, »falls es Euch gefällt, am Ruhm einer Schlacht teilzuhaben.« Vergeblich versuchte Max Emanuel, die fehlerhafte Aufstellung der Armee zu korrigieren. Marlborough nahm eine Umgruppierung seiner Kräfte vor, rollte Villeroys Schlachtordnung durch einen Flankenangriff auf und krönte den brillanten Sieg noch durch eine außergewöhnlich energische taktische und operative Verfolgung, die zur Zertrümmerung der Villeroyschen Armee und zur Eroberung fast der ganzen Niederlande samt der Hauptstadt innerhalb weniger Wochen führte. Bei Feldzugsende befanden sich mit Ausnahme von Luxemburg, Namur, Charleroi, Mons und Nieuwpoort die gesamten Spanischen Niederlande in der Hand Marlboroughs, der Krieg war auch hier an die Grenzen Frankreichs herangerückt.

> *»Mein Herz ist so voll von Unglück, daß ich es Eurer Majestät nicht auszudrücken weiß. Der Verlust der Schlacht von Ramillies, Sire, die ebenso fatal ist wie die von Höchstädt, hat mich überzeugt, daß es nicht die Größe der Armeen, noch die Lage eines vorteilhaften Schlachtfeldes, noch die Tapferkeit der Soldaten sind, die den Sieg verleihen, sondern einzig und allein Gott… Der einzige Trost, der mir inmitten dieses Unglücks bleibt, besteht darin, daß ich nichts gegen Eure Befehle getan habe und daß Monsieur de Villeroy ebenso wie alle Offiziere der Armee, die mich gesehen haben, mir neidlos bezeugen können, daß ich mich wie der niedrigste Soldat eingesetzt habe und daß, wenn es davon abhinge, den Sieg mit Gefahr des Lebens zu erkaufen, ich ihn gewiß errungen hätte…«*
>
> *Max Emanuel an Ludwig XIV., Löwen, Abend des 23. Mai 1706*

Was die strategische Gesamtsituation noch trostloser gestaltete, war die Tatsache, daß auf den Zusammenbruch in den Niederlanden ein noch vollständigeres Debakel in Italien folgte, als

Prinz Eugen am 7. September 1706 bei Turin einen glänzenden Sieg errang, wodurch dieser Kriegsschauplatz mit einem Schlag so endgültig eliminiert wurde, wie 1704 der süddeutsche. Ein Umschwung im Kriegsverlauf, auf den Max Emanuel hoffte, rückte in weite Ferne. Als er im Juli 1706 seine neue Residenzstadt Mons bezog, sah er sich in der trübsten Lage, in die er hatte geraten können. Die Niederlande, deren souveräner Besitz als Ersatz für das verlorene Bayern versprochen worden war, befanden sich, wie sein Stammland, in der Hand des Feindes, ebenso die italienischen Teile des spanischen Erbes, die immer wieder als Alternativen ins Auge gefaßt worden waren – Max Emanuel war ein Herrscher ohne Land, ohne eigene Einkünfte und ohne nennenswerte Streitkräfte. Seiner Existenz als Reichsfürst hatte die Achterklärung in aller Form ein Ende bereitet (worauf zurückzukommen ist), seine Kinder sah er in der Verfügungsgewalt seines ärgsten Feindes. Und den französischen Verbündeten, auf dessen Macht er gebaut hatte und von dessen loyaler Unterstützung er jetzt völlig abhängig war, ereilte selbst eine militärische Katastrophe nach der anderen. Es gehörte schon eine gewisse Unerschütterlichkeit dazu, unter diesen Verhältnissen in Mons eine glanzvolle Hofhaltung aufleben zu lassen, aber Max Emanuel tat es.

»Der Kurfürst erschien mir sanft, höflich, bescheiden und rühmenswert in seiner Bescheidenheit. Er war verlegen gleich einem Manne, der einen anderen scheut wegen dessen geistiger Reputation. Nichtsdestotrotz war er bemüht, meine Zufriedenheit zu finden. Der Kurfürst erscheint mir weich und von nur mittelmäßigem Geist, wenngleich es ihm nicht an Esprit fehlt und er viele liebenswürdige Eigenschaften besitzt. Er ist ein typischer Fürst, das heißt, er ist schwach in seiner Lebensführung und korrumpiert in seinen Sitten. Es scheint mir, daß er sich wenig um die großen Bedürfnisse des ihm anvertrauten Staates kümmert... Die Soldaten sind völlig ohne Kleidung und betteln dauernd; die Kavallerie besitzt nicht ein einziges Pferd. Der Kurfürst sieht dies alles und tröstet sich mit seinen Maitressen, verbringt die Tage auf der Jagd, spielt Flöte, kauft Gemälde, stürzt sich in

Schulden. Er ruiniert sein Land und bringt dem Gebiet nichts Gutes, in das er versetzt worden ist; er scheint nicht einmal auf seine Feinde zu achten, die ihn überraschen könnten.«

Der französische Gelehrte, Prinzenerzieher und Erzbischof von Cambrai, François de Salignac de la Mothe Fénelon über seine Begegnungen mit Max Emanuel 1706/1707

Schon bald nach dem Kriegseintritt Bayerns waren Verhandlungen in Gang gesetzt worden, um gegen Max Emanuel und seinen Bruder die schwerste Sanktion, die Kaiser und Reich gegen einen Reichsstand verhängen konnten, die Reichsacht, auszusprechen. Treibende Kraft war Max Emanuels wittelsbachischer Kontrahent, Kurfürst Johann Philipp von der Pfalz, der hoffte, mit Unterstützung seines kaiserlichen Schwagers das Erbe des geächteten Bayern antreten zu können, zumindest aber die Oberpfalz und die alte, vornehmere Kurwürde zurückzuholen. Am 27. November 1705 gab der Kurfürstenrat seine Einwilligung zur Achterklärung, die dann am 29. April 1706 in Wien im Rahmen einer düsteren Zeremonie erfolgte. Die Betroffenen erhoben erst Jahre später Protest, wohl aber legten verschiedene Reichsstände Einspruch ein, weil nur der Kurfürstenrat, nicht aber der Fürstenrat konsultiert worden war. Zu ihnen gehörte Max Emanuels entfernter Verwandter, der Schwedenkönig Karl XII., der sich damals im Zenit seines Ruhmes befand und mit dem bayerischen Kurfürsten seit Jahren in freundschaftlicher Korrespondenz stand. Karl XII., der ein sehr gespanntes Verhältnis zu Johann Wilhelm von der Pfalz hatte, protestierte, vermied aber, sich tiefer in die Reichshändel zu verstricken, um den Rücken frei zu haben für den bevorstehenden fatalen Entscheidungskampf gegen Rußland.

Die Ächtung blieb bis zum Friedensschluß 1714 bestehen. Offiziell waren Max Emanuel und Joseph Clemens keine Kurfürsten mehr und wurden in der alliierten Publizistik auch nur mit dem Zusatz »gewesene« als solche bezeichnet. In der diplomatischen Praxis spielte das freilich keine allzu große Rolle. So sprach Marlborough schon wenige Wochen nach der Achterklärung Max Emanuel in der ehrerbietigsten Form mit seinem alten Titel an.

Zweifellos bestand einige Zeit die Absicht, die Länder der exkurfürstlichen Familie auf Dauer einzuziehen, wobei Kaiser Joseph I., der auf Leopold I. gefolgt war, konsequent auf die Stärkung der kaiserlichen Position hinarbeitete und, in bitterer persönlicher Feindschaft gegen den Bayern, den Löwenanteil für das Haus Habsburg zu sichern gedachte. Aber nicht nur Frankreich, sondern ziemlich alle größeren Reichsfürsten stellten sich vehement gegen eine solche Stärkung der habsburgischen Hausmacht. Stattdessen ging man zur besitzrechtlichen Zerstückelung Bayerns über. Am 23. Juli 1708 erreichte Johann Wilhelm sein Ziel und erhielt die Oberpfalz. Andere Gebiete dienten zur Entschädigung von Reichsständen, die unter Krieg und Besatzung gelitten hatten, wieder andere zur Belohnung verdienter Beamter und Parteigänger. All diese Besitzveränderungen stellten einseitige, reichsrechtlich nicht gedeckte Maßnahmen des Kaisers dar.

KURFÜRST JOHANN WILHELM VON DER PFALZ (1658–1716)

Johann Wilhelm – im Niederrheingebiet heute noch berühmt als Jan Wellem – war der wittelsbachische Gegenspieler Max Emanuels. Als Johann Wilhelm II. wurde der Pfalz-Neuburger 1679 Herzog von Jülich und Berg, 1690 erbte er das Herzogtum Pfalz-Neuburg und das Kurfürstentum Pfalz (8. Kur). Gleich bei seinem Regierungsantritt verwüsteten die Franzosen die Pfalz, weshalb es Johann Wilhelm die meiste Zeit vorzog, in Düsseldorf statt in Heidelberg zu residieren. Auch war dem eifrigen Katholiken das protestantische Bekenntnis der meisten Pfälzer unsympathisch. Er setzte mit Nachdruck die von den Franzosen eingeleitete Rekatholisierungspolitik fort. Johann Wilhelm war ein treuer Parteigänger des mit ihm verschwägerten Kaisers. Mit dieser Rückendeckung versuchte er, Max Emanuel aus der Statthalterschaft der Spanischen Niederlande zu verdrängen. Mit mehr Erfolg bekämpfte er die Neutralitätspolitik, welche die Franzosen und Bayern am Anfang des Spanischen Erbfolgekrieges im Reich betrieben. Auch Johann Wilhelm strebte nach Rangerhöhung und territorialem Gewinn. Nachdem er Ende der 1690er

Jahre mit der phantastischen Idee, Kaiser von Armenien zu werden, geliebäugelt hatte, tat sich ihm mit der Parteinahme Max Emanuels für Frankreich eine sehr viel solidere Chance auf, zum gewünschten Ziel zu gelangen und sich auf Kosten der bayerischen Linie zu vergrößern, wobei es sich in den Augen des Pfälzers lediglich um den Ausgleich eines historischen Unrechts handelte: Die alte pfälzische Kurwürde und die Oberpfalz, die Maximilian I. von Bayern 1623 unter Übergehung der loyalen, dynastisch näher stehenden Pfalz-Neuburger dem geächteten Pfälzer Kurfürsten (dem sog. Winterkönig) abgenommen hatte, wollte Johann Wilhelm zurückholen. So drängte er nach Höchstädt auf die Ächtung des verhaßten bayerischen Verwandten, die 1706 tatsächlich erfolgte. Zwei Jahre später sah er sich am Ziel seiner Wünsche, als er vom Kaiser mit der alten, vornehmeren Kurwürde und der Oberpfalz belehnt wurde. Zur Feier dieses Ereignisses gründete Johann Wilhelm den Hausorden vom Hl. Hubertus. Die Freude währte aber nicht lange. Bei den Friedensverhandlungen ließen ihn die Habsburger fallen, der Pfälzer mußte alles Gewonnene wieder an Max Emanuel zurückgeben und wurde damit zum großen Verlierer im Haus Wittelsbach.

Auch Johann Wilhelm war ein leidenschaftlicher Bauherr und Gemäldesammler. Schloß Bensberg und der Ausbau der Düsseldorfer Residenz gehen auf ihn zurück. Gigantische Pläne für eine selbst die Dimension von Versailles übertreffende Residenzanlage in der Oberrheinebene bei Schwetzingen blieben unausgeführt.

11 »Lieber bayerisch sterben«

Kurz vor den gerade geschilderten Katastrophen des Jahres 1706 war über Max Emanuels verlassenes Land das Verhängnis in Gestalt des großen Bauernaufstandes von 1705 hereingebrochen. Die als Regentin zurückgelassene Theresia Kunigunde hatte ihren Unterhändler mit den Kaiserlichen am 28. Oktober 1704 den Vertrag von Ilbesheim abschließen lassen, in dem es um die Auflösung der kurfürstlichen Armee und die Modalitäten der kaiserlichen Besatzung in Bayern ging. Drei der vier bayerischen Rentämter und die ohnehin schon seit dem Frühjahr 1704 besetzte Oberpfalz gingen in kaiserliche Verwaltung über, nur das um einige Städte reduzierte Rentamt München blieb der Kurfürstin, wurde aber im Mai 1705 gleichfalls vereinnahmt, da es die Alliierten, nicht ganz zu Unrecht, für eine Brutstätte antikaiserlicher Komplotte hielten. Die kurfürstlichen Truppen, die auf eigene Faust den Kampf fortgesetzt hatten, waren dem Vertrag gemäß zu entlassen, was wegen der hohen Soldrückstände, aber auch wegen Anhänglichkeit an Max Emanuel mit erheblichen Schwierigkeiten und Verzögerungen verbunden war. Zudem wurden die Soldaten sehr gegen ihren Willen gezwungen, einen Eid zu leisten, auf Dauer des Krieges in keiner Armee zu dienen, die gegen den Kaiser oder seine Verbündeten kämpfte. Dieser Eid sollte sich im Winter 1705/1706 als ein schweres, möglicherweise entscheidendes Hindernis für die Schlagkraft der sich gegen die Kaiserlichen erhebenden »Landesdefension« erweisen, da er die zahlreich in Bayern und Umgebung gebliebenen abgedankten Soldaten und Offiziere abschreckte, sich den Rebellen anzuschließen. Die anarchischen Zustände, die vielerorts noch während der Kampfhandlungen eingerissen waren und die sich nach Niederlage und Flucht des Kurfürsten noch enorm verschärften, steigerten die Abneigung gegen jede Obrigkeit und die Bereitschaft zu eigenmächtigem Vorgehen. Das zeigte die von spontanen örtlichen Revolten geprägte Anfangsphase des Aufstandes im Herbst 1705, die teilweise sozialrevolutionären Charakter hatte. Sobald aber die Bewegung geordnetere Formen annahm, traten diese Tendenzen, jedenfalls nach außen hin, zugunsten einer patriotischen Ausrichtung und Disziplinierung zurück, bis schließlich aus der Bauernrebellion eine von Beamten geführte »kurbayerische Landesdefension« wurde, die sich an die Milizorganisation der Land- und Stadtfahnen anlehnte. Die Masse der Landesverteidiger entstammte dem bäuerlichen, vor allem kleinbäuerlichen Milieu, auf das sich die Maßnahmen und Übergriffe der Besatzungsmacht am drastischsten auswirkten.

Die kaiserliche Administration war bestrebt, die Eliten des Landes auf ihre Seite zu ziehen. Adel, Geistlichkeit, städtisches Bürgertum blieben von Einquartierungen und den meisten Abgaben verschont, die Funktionsträger behielten ihre Privilegien und Ämter, so lang sie nicht Zweifel an ihrer Kaisertreue aufkommen ließen. Die meisten, wenn auch bei weitem nicht alle staatlichen und kommunalen Beamten konnten auf diese Weise für eine Kollaboration gewonnen werden. Nur im Rentamt Burghausen, das die Rebellen fast zwei Monate unter ihre Kontrolle brachten, gelang es den Aufständischen, die Mitwirkung der Stände in größerem Stil zu erzwingen.

Ursache der Erhebung war in erster Linie der rücksichtslos durchgesetzte Entschluss der kaiserlichen Regierung, das eroberte Land zugunsten der eigenen Kriegsanstrengungen mit äußerster Härte auszupressen. Es wurden enorme Zwangsabgaben eingetrieben. Hatte die Besteuerung durch die kurfürstliche Regierung in den ersten Kriegsjahren bereits das Dreifache der normalen Landsteuer erreicht, so erhöhten die Kaiserlichen den Steuerdruck bis zum Siebenfachen. Eine weitere, von Willkürmaßnahmen und Exzessen aller Art begleitete Belastung, bildete die massenhafte Einquartierung von fest stationierten wie durchmarschierenden alliierten Soldaten. Was aber das Faß zum Überlaufen brachte, war der Versuch der Kaiserlichen, die Lükken in ihren Armeen durch Zwangsrekrutierungen in Bayern aufzufüllen. Es kam zum offenen Widerstand, der sich nach erstem punktuellem Aufflackern im Oktober 1705 im Lauf des November im Unterland, vor allem im Süden des Rentamts Landshut und im Rentamt Burghausen zur großflächigen Rebellion ausweitete. Mit der Eroberung von Burghausen, Schärding

»Das Rebellische Bayern Parlament zu Braunau«.
Kaiserliches Spottbild auf den Braunauer Landesdefensionskongreß von 1705/1706.

Auf dem Kongreß war neben Vertretern der privilegierten Stände erstmals auch die Bauernschaft vertreten. Die bäuerlichen und bürgerlichen Teilnehmer werden mit ihren altertümlichen Röcken, runden Hüten und Bärten als primitive und ignorante Großmäuler gekennzeichnet, die sich von Frankreich verführen lassen – im rechten Fenster steht der Gallische Hahn (Nr.1). Die dargestellten Personen sind fiktiv, mit Ausnahme des auf dem Kongreß nicht anwesenden Matthias Kraus (Nr. 8, s. auch Abb.XX) und des Oberviechtacher Pfarrers Florian Miller von Altammerthal und Fronhofen (Nr.9). Die Schweine und kackenden Hunde im Vordergrund sollen das »bäurische« Niveau der Versammlung karikieren. In der Tür stehen kaiserliche Soldaten bereit, um dem Spuk ein Ende zu machen.

und Braunau erzielte die Erhebung spektakuläre Erfolge, durch die den Landesverteidigern auch große Mengen an Waffen in die Hände fielen.

Mit 8.000 Mann drangen die Unterländer im Dezember in Richtung München vor, wobei sie sich durch Zuzüge bis Weihnachten auf 16.000 Mann verstärkten. Eine zweite Kolonne von 2.300 Oberländern sollte von Süden gegen die Hauptstadt vorgehen und sie im Handstreich überrumpeln. Das Unternehmen der Oberländer scheiterte in der »Sendlinger Mordweihnacht«, die fast 1.000 Bauern das Leben kostete. Daraufhin traten die Unterländer den Rückzug an, erlitten aber am 8. Januar 1706 bei Aidenbach südlich von Vilshofen eine noch blutigere Niederlage, wobei die Kaiserlichen keine Gefangenen machten, sondern etwa 3.000 Aufständische massakrierten.

> *»Sonst ist hierbei nicht genug zu bewundern, daß die Rebellen, derer zweimal erlittenen großen Niederlagen und aller Dehortationen [Abmachungen] ungeachtet, annoch so verblendet, ihrer in den Fahnen habenden Inscription nach*
>
> *›Wir wollen lieber bayrisch sterben,*
>
> *Als in des Kaisers Unfug verderben‹*
>
> *sich nebst dem ganzen Lande aufopfern und ruinieren lassen, ehe sie sich kaiserlicher Autorität submittieren [unterwerfen].«*
>
> *Brief eines kaiserlichen Offiziers vom 15. Januar 1706 (August Hartmann, Historische Gedichte…, 1899, 33 f.)*

In allen offenen Gefechten zeigte sich, daß die Bauern der Konfrontation mit regulären Truppen nicht gewachsen waren, sofort in Panik gerieten und sich fast widerstandslos niedermetzeln ließen. Der Schock dieser Blutbäder brach der Erhebung das Genick. Gemäßigte Kräfte gelangten an die Führung und verständigten sich mit den Kaiserlichen, die in einer Doppelstrategie von einschüchternder Brutalität auf dem Schlachtfeld einerseits und Amnestieerklärung und politischen Zugeständnissen andererseits Entgegenkommen zeigten. Vor allem wurden die Zwangsrekrutierungen eingestellt, womit der Aufstand sein wichtigstes Ziel erreicht hatte. Der Abgabendruck hielt dagegen unvermindert bis zum Kriegsende an.

Der Aufstand von 1705/1706 war die größte Volkserhebung, die je in Bayern stattgefunden hat. 40.000 Männer nahmen teil, etwa 6.000 fanden den Tod. Es war ein von Anfang an aussichtsloses Unterfangen, auch wenn die Landesverteidiger besser geführt worden wären, mehr Kampfkraft entwickelt und mehr Glück gehabt hätten. Die Kaiserlichen hätten mitten im Krieg keine mehr oder weniger unabhängige Stellung Bayerns geduldet. So wäre ein dauerhafter Unruheherd im Rücken der Armeen geblieben, von dem gefährliche Impulse in politischer, militärischer und sozialer Hinsicht in das Umfeld ausgestrahlt hätten. Dadurch daß der Aufstand mitten im Winter stattfand, waren die alliierten Truppen nicht an der Front gebunden und lagen in Süddeutschland in Winterquartieren, von denen aus sie rasch zu den Brennpunkten in Marsch gesetzt werden konnten. Bei Ausbruch der Erhebung standen 7.500 Mann an Besatzungstruppen im Land, Mitte Dezember waren es 11.000, Mitte Januar 16.000, Ende dieses Monats 25.000.

Im 19. Jahrhundert wurde »1705« zu einem großen patriotischen Drama verklärt, das sich in der fiktiven Heldenfigur des Schmieds von Kochel verdichtete. Mittlerweile ist es üblich geworden, dem Aufstand jegliche patriotische Motivation abzusprechen, was aber entschieden zu weit geht. Ein in den Quellen vielfach zu belegender Patriotismus hatte in erster Linie seine Ursache in antikaiserlichen Gefühlen, dazu kam die über Jahrhunderte gepflegte Anhänglichkeit an das Haus Wittelsbach, die Teil der Identität des Landes war und durch Niederlage und Unterdrückung beleidigt wurde. Der trotz allem bei Volk und Armee beliebte Max Emanuel und die Embleme der kurfürstlichen Macht wurden so zu Symbolen eines trotzigen Selbstbehauptungswillens. Zugleich knüpfte man damit an staatliche Traditionen an und konnte so dem gewaltsamen Aufbegehren den legitimierenden Charakter der Treue zum Fürstenhaus und der Vaterlandsverteidigung verleihen. Dieser Gesichtspunkt war für Beamte, Offiziere und Standespersonen, soweit sie sich überhaupt zur Teilnahme bewegen ließen, von größter Bedeutung. Doch auch die Masse der Aufständischen wollte nicht als simple Rebellen gelten. Wie unerbittlich die Obrigkeit mit solchen zu verfahren pflegte, war bekannt. Das erklärt, wie wichtig es war, sich den Namen einer kurbayerischen Landesdefension zu geben, das kurfürstliche Wappen auf Fahnen, Trommeln, Siegeln zu führen, den Treueid auf den Landesherrn zu leisten und bei jeder Gelegenheit »Vivat Max Emanuel!« zu schreien. Und es macht verständlich, daß manche Anführer es für notwendig hielten, Manifeste im Namen des Kurfürsten zu fälschen, in denen dieser zum Kampf aufrief, und erfundene Meldungen zu lancieren, denen zufolge die Kaiserlichen die kurfürstlichen Prinzen zu entführen beabsichtigten (was sie später ja tatsächlich taten).

»Ich konnte den Patriotismus der Aufständischen nicht mißbilligen, aber das Herz blutet mir, da ich das Ende sehe, die blutigen Greuel und den Ruin des Landes. Die grausamen Szenen und Verurteilungen zu Kerker und Tod hören gar nicht auf! O Gott! Wie viel unschuldiges Blut ist vergossen worden! Sobald ich mich verbergen kann, lasse ich den Tränen freien Lauf! Hätte ich wirklich an diesem Unternehmen Anteil gehabt, würde ich die armen Leute nicht zu solcher Hinopferung verleitet haben angesichts der Unmöglichkeit, sie zu unterstützen.«

Max Emanuel an Theresia Kunigunde, Brüssel, 12. Februar 1706

Man unterstellt Max Emanuel gemeinhin, er habe als absolutistischer Fürst weder Verständnis noch Sympathie für die Aufständischen aufgebracht. Nichts ist falscher als das. Zwar nahm der Kurfürst im fernen Brüssel keinerlei Einfluß auf die Erhebung, aber seine Reaktion auf die ersten optimistischen Nachrichten, die ihn Ende Dezember erreichten, bestand darin, den Franzosen einen militärischen Vorstoß zur Rückgewinnung Bayerns vorzuschlagen, er mußte aber einsehen, daß die unglücklich gewählte Jahreszeit einen Feldzug durch den Schwarzwald ausschloß. Mit Erschütterung hörte er vom bitteren Ende des Aufstands. Nach seiner Rückkehr 1715 belohnte der Kurfürst eine Reihe von Anführern mit Pensionen und lukrativen Posten. In allen Rentämtern ließ er das Verhalten der von der kaiserlichen Administration eingesetzten Beamten untersuchen, von denen etliche entlassen wurden. Mehr war nicht möglich, vor allem nicht die regelrechte Bestrafung der Kollaborateure, wollte man nicht das notdürftig wiederhergestellte Verhältnis zum Haus Habsburg erneut belasten. Der Friedensvertrag von Rastatt enthielt zudem die weise Bestimmung, daß auf keiner Seite jemand für sein Verhalten während des Krieges zur Rechenschaft gezogen werden durfte.

Bildnis des in Ketten gelegten Kelheimer Metzgers und Bauernkommandeurs Mathias Kraus, darunter seine Heimatstadt mit der Richtstätte. Anonymer Kupferstich, 1706.

Links unten wird die Leiche des Enthaupteten gevierteilt. Der Kopf ist auf einen Spieß gesteckt, die Körperteile werden an Galgen rund um die Stadtmauer aufgehängt.

DER LANDESVERTEIDIGER: MATTHIAS KRAUS (1671–1706)

Der Kelheimer Metzger Matthias Kraus setzte sich an die Spitze der Aufstandsbewegung in seiner Heimatstadt. Am 15. November 1705 unternahm er einen vergeblichen Versuch, die Kaiserlichen zu überrumpeln. Er floh nach Braunau ins Hauptquartier der Bauern, wo er am 30. November mit einem Patent ausgestattet wurde. Er nannte sich von jetzt an kurbayerischer Kommandant oder Oberstleutnant. Kraus sammelte eine Schar von etwa 250 Bauern und abgedankten Soldaten um sich und nahm am 12. Dezember den Markt Langquaid ein. Von dort stieß er in der Nacht zum 13. auf Kelheim vor und überrumpelte mit Unterstützung von Bürgern im Morgengrauen die kaiserliche Garnison von 70 Mann Stärke. Er befahl unter Androhung militärischer Zwangsmaßnahmen dem Pflegamt Kelheim und den benachbarten Pflegämtern die Stellung von Rekruten und Proviant. Am 18. Dezember erschienen 800 Mann fränkische und ansbachische Truppen unter Oberst Truchseß vor der Stadt und erstürmten sie, nachdem Verhandlungen gescheitert waren, im Handstreich. Etwa 60 Aufständische wurden getötet, 31 festgenommen, der Ort drei Stunden lang geplündert. Kraus wurde am 19. in einem Versteck aufgestöbert und in Ketten ins Neue Schloß in Ingolstadt gebracht. Dort vernahm man ihn unter Folter und verurteilte ihn am 20. Dezember zum Tode. Die Strafe wurde am 17. März 1706 in Kelheim vollstreckt. Nach der Enthauptung zerhackte man den Körper in vier Teile, die an den Toren an Galgen aufgehängt wurden. Das Wohnhaus wurde dem Erdboden gleichgemacht. Bei Abschluß des Burgfriedens von Kelheim 1719 würdigte Max Emanuel »die allzeit erzeigte Treue« des Kraus. Dem Landesverteidiger wurde in Kelheim ein Denkmal gesetzt.

DER GEHEIMSEKRETÄR: JOHANN SEBALD (AB CA. 1697 »VON«) NEUSÖNNER (UM 1660–1708)

Über die Herkunft Neusönners ist nichts bekannt. Nach einem Jurastudium in Ingolstadt wurde er bayerischer Beamter. Er machte ab 1684 mehrere Feldzüge gegen die Türken als Kriegsratssekretär im Generalkommissariat mit. Für seine Leistungen erhielt er von Max Emanuel wiederholt finanzielle Gratifikationen und wurde 1688 zum Rat und Geheimsekretär ernannt. 1696 kaufte er ein Besitztum in Perlach, das er von dem ihm befreundeten Hofbaumeister Henrico Zuccalli zu einem Schlößchen ausbauen ließ, das heute noch existiert (»Perlachsöd« oder »Neusönner Schloß«). Um 1697 wurde Neusönner in den Adelsstand erhoben. Nach Höchstädt blieb er in Bayern zurück und stand der Kurfürstin-Regentin zur Seite, die ihn im Februar 1705 für seinen »langen, treuen und ersprießlichen Dienst« zum Hofkammerdirektor beförderte. Er führte bayerischerseits die Abdankungsverhandlungen mit den kurfürstlichen Truppen, wobei er bemüht war, möglichst viele von ihnen in die Niederlande zu schleusen, um für Max Emanuel weiterkämpfen zu können. Auch am Straubinger Waffenstillstand und am Ilbesheimer Vertrag war er maßgeblich beteiligt. Er führte von München aus geheime Korrespondenzen sowohl mit Max Emanuel in Brüssel, der ihn als den Mann seines Vertrauens in Bayern bezeichnete, als auch mit den ungarischen Freiheitskämpfern und Leuten, die in Böhmen einen Aufstand gegen den Kaiser vorbereiteten. Ferner ließ er Kriegsmaterial, das eigentlich ausgeliefert hätte werden müssen, verstecken und vergraben. Als die Kaiserlichen im Mai 1705 im Rentamt München einmarschierten und die Hauptstadt besetzten, war ihnen der eifrige Patriot Neusönner eine der verdächtigsten Personen. Gronsfeld ließ ihn am 21. Mai festnehmen und seine Räume durchsuchen, wobei belastende Schriftstücke gefunden wurden. Unter der Folter gestand Neusönner seine konspirativen Aktivitäten. Er wurde in der Feste Kufstein gefangengesetzt, später schmachtete er in Verließen in Klagenfurt, Graz und Wien. Für seine Verpflegung und medizinische Versorgung mußte er selbst aufkommen, andernfalls man ihn »gleich einem Hund in der Gefangenschaft krepieren und verhungern« lasse. 1708 erlag er im Wiener Kerker den Folgen dieser Behandlung. Max Emanuel ließ nach seiner Rückkehr das Hofzahlamt den Lebensunterhalt und die Erziehung der Nachkommen Neusönners übernehmen. Die während der Gefangenschaft entstandenen Kosten wurden erst 1736 ersetzt.

DER GEHEIME RAT: FRANZ JOSEPH FREIHERR VON UNERTL (1675–1750)

Unertl entstammte einer Münchner Beamtenfamilie. Nach dem Besuch des Jesuitengymnasiums und einem Jurastudium in Ingolstadt trat er 1696 als Hofrat in kurfürstliche Dienste. 1702 wurde er außerdem Geistlicher Rat, Sekretär beim Geheimen Rat und Verweser des Archivs. Der sehr anpassungsfähige Politiker blieb während der Exilszeit in München und spielte eine undurchsichtige, bis heute nicht ganz geklärte Doppelrolle. Einerseits kooperierte er mit der kaiserlichen Administration, die ihm das Zeugnis ausstellte, der zuverlässigste Beamte in Bayern zu sein, andererseits stand er in geheimer Verbindung mit dem Kurfürsten. 1705 war er Sekretär der Administration und wurde im Folgejahr von Administrator Graf Löwenstein mit der Leitung der Untersuchungen gegen die Anführer des Oberländer Aufstandes betraut. Wegen seines Diensteifers für die Administration hatte er sich nach deren Ansicht »einen ungemeinen Landhaß zugezogen«. Die Landschaftsverordneten rühmten andererseits Unertl für seine segensreiche Verwaltungstätigkeit während der Besatzungszeit. Er muß sich damals bedeutende Verdienste für den verbannten Landesherrn erworben haben – nach eigenen Angaben hat er u. a. das kurfürstliche Archiv und den Schatz vor der Besatzungsmacht versteckt –, da ihn dieser bei seiner Rückkehr sogleich zum Geheimen Rat beförderte und mit wichtigen Aufgaben betraute. So erarbeitete Unertl die juristischen Grundlagen für die Wittelsbacher Hausunion von 1724. Unter Karl Albrecht setzte sich sein Aufstieg fort. Er wurde Konferenzrat, Kanzler des Geheimen Rats und oberster Hofbibliothekar. Die spitzfindigen historischen und rechtlichen Deduktionen, mit denen die Erbansprüche gegenüber den Österreichischen Habsburgern begründet wurden, waren sein Werk. Wenige Jahre vor seinem Tod wurde er von Max III. Joseph entmachtet. In seiner Hofmark Schönbrunn bei Dachau, die einst Caspar von Schmid gehört hatte (Unertl hatte in 2. Ehe eine Enkelin des Kanzlers geheiratet), ließ er zum Dank dafür, daß er einer drohenden Denunziation während der Besatzungszeit durch einen opportunen Todesfall entgangen war, der Hl. Anna eine schöne Kirche bauen, die 1724 geweiht wurde.

12 Bittersüße Jahre des Exils

Nach der Niederlage von Ramillies und dem weitgehenden Verlust der Niederlande war Max Emanuel zwar weiterhin Generalvikar, aber die fehlende Wirkungssphäre machte das Amt zu einer rein nominellen Würde, zumal der (Ex-)Kurfürst wenig Interesse an den verbliebenen Restniederlanden zeigte und ihre Verwaltung ganz dem immer eigenmächtiger auftretenden Bergeyck überließ. Ende November 1708 unternahm Max Emanuel einen waghalsigen Vorstoß auf Brüssel, der aber von Marlborough, von seinem Geheimdienst vorgewarnt, zunichtegemacht wurde; das wenig rühmliche Ende einer langen Feldherrnlaufbahn. Aller täglichen Pflichten nun ledig, nutzte Max Emanuel die großen Freiräume, sich in die Welt des französischen Hofes einzuleben und seine wechselnden Exilresidenzen nach diesem Vorbild zu formen. Aber er ging nicht völlig in Festefeiern, Kunstsammeln und Jagden, in Theaterbesuchen und seinen zahllosen amourösen Abenteuern auf. Mit größter Zähigkeit verfolgte er weiter seine politischen Ambitionen, versuchte – nicht ohne Erfolg – die französische und spanische Regierung für seine Sache zu mobilisieren, knüpfte nach allen Seiten diplomatische Kontakte, schmiedete in unerschöpflichen Varianten Pläne für eine glorreiche Zukunft. Denn inmitten aller Rückschläge und Demütigungen verlor er nie den Glauben an den Stern seines Hauses.

INSELN DER SELIGEN

Die Jahre von Mons als Residenzstadt waren gezählt. Vorsorglich stellte Ludwig XIV. bereits im Herbst 1708 das königliche Schloß von Compiègne 70 km nördlich von Paris zur Verfügung. Mons fiel im Oktober 1709 nach der Schlacht von Malplaquet, der mörderischten des ganzen Kriegs, in die Hände der Alliierten. Indem Max Emanuel sich nach Compiègne begab, trat eine räumliche Spaltung der Regierung ein. Während Bergeyek mit den spanisch-niederländischen Beamten nach dem Fall von Mons nach Namur ging, hielt sich Max Emanuel von September 1709 bis Juli 1711 und wieder von August 1712 bis April 1715 in

Frankreich, also außerhalb seines Amtsbereichs, auf. Angesichts der kontinuierlich aufgenommenen, dann wieder abgebrochenen Friedensverhandlungen, an denen Max Emanuel oder seine Gesandten nicht teilnehmen durften, da er von den Alliierten weder als Fürst noch als Generalvikar anerkannt wurde, lag die Sphäre seiner persönlichen Einwirkung nicht mehr in den Restniederlanden, sondern am Hof Ludwigs XIV.

Am 7. Nov. 1709 traf er in Marly erstmals mit dem Sonnenkönig zusammen. Der unklare Status Max Emanuels und die schwebenden diplomatischen Verhandlungen ließen es geraten erscheinen, incognito unter dem Namen eines »Grafen von Dachau« aufzutreten und vom König der höfischen Gesellschaft als »Freund« präsentiert zu werden. Das Treffen verlief in einer geradezu herzlichen Atmosphäre, wobei der Gast durch eine Mischung aus Respekt und Lockerheit beeindruckte, wenn auch der Herzog von Saint-Simon *»einen Hauch von Hochmut und Freisinn«* feststellte, *»womit er sich zum Meister des Salons aufschwingt, mit den einen parlierend, sich bei den anderen informierend, was alles schlecht paßt zu einem unglücklichen Fürsten [prince malheureuse] «*.

In den Tagen nach der Audienz in Marly besuchte Max Emanuel ausgiebig Versailles, den Olymp des Absolutismus. Es war eine Welt, die ihn vollkommen in Bann schlug und an der er sich in den nächsten Jahren so viel Anteil wie nur möglich wünschte. Für die zahlreichen Besuche in Paris, Versailles, Marly wollte er Domizile, die näher an diesen Plätzen lagen als Compiègne. Zunächst logierte er bei seinem Gesandten Monasterol oder bei Freunden.

Anfang 1713 wurde ein großes Anwesen in Suresnes am Ufer der Seine gegenüber Bois de Boulogne gemietet, das bald für große Gartenfeste berühmt wurde. Es genügte jedoch den Bedürfnissen des kleinen kurfürstlichen Hofstaats nicht. So erwarb Max Emanuel im August noch desselben Jahres ein Palais in Saint-Cloud. Es wurde von Germain Boffrand im neusten Geschmack umgebaut und eingerichtet. Dieser war seit 1705 Max Emanuels Lieblingsarchitekt und hatte schon in den Niederlanden den unvollendet gebliebenen Jagdpavillon Bouchefort südlich von Brüssel entworfen.

Direkt im Zentrum des aktuellen Geschehens lebend, erteilte der Kurfürst ohne Rücksicht auf seine dramatische Finanzlage eine Fülle von Aufträgen an Künstler und Kunsthandwerker und setzte seine Sammelpolitik fort. Maßgeblich war der *goût moderne*, der von der jüngeren Generation des französischen Hofs ausging und in dem sich Régence und Rokokko ankündigten. Die gravitätische Monumentalität des *Grand Siècle* wurde durch eine Vorliebe für das Intime, Zwanglose, Graziöse, für das erlesene Detail, ja Exotisches verdrängt. Max Emanuels Lebensstil im Exil war von einem eigentümlichen Gegensatz gekennzeichnet: Zum einen dienten die Residenzen, die Feste, die Sammelpolitik der Demonstration des nie aufgegebenen Anspruchs auf ranggemäßen Aufstieg, waren also öffentlich-politischer Natur. Zum anderen zeugten sie von einer Flucht vor dem dauernden diplomatischen Überlebenskampf, einem Rückzug in die Privatsphäre und die Welt des verfeinerten Genusses.

Max Emanuel hätte sich wie auf einer Insel der Seligen fühlen können, wären nicht sein unbefriedigter politischer Ehrgeiz, seine Zukunftsängste und die drückenden finanziellen Begleitumstände gewesen. Die Lösung all seiner Probleme erhoffte er in seinem unverwüstlichen Optimismus von den Friedensschlüssen und den Gewinnen, welche diese seinem Haus bringen würden.

DER GEHEIME KABINETTSSEKRETÄR: IGNAZ FRANZ XAVER (AB 1709 »VON«) WILHELM (1674–1741)

Wilhelm, der Sohn eines kurfürstlichen Bräuverwalters und ehemaligen Jesuiten, fand 1701 bei Max Emanuel Anstellung. Er wurde während der Exilszeit engster Vertrauten seines Herrn. Er erledigte die Korrespondenzen des Kurfürsten und archivierte sie, übernahm vielerlei finanzielle Transaktionen, knüpfte und unterhielt Kontakte, erteilte und spezifizierte Aufträge. Dank seiner jesuitischen Ausbildung verfügte er über eine vielseitige Bildung, beherrschte perfekt die deutsche, französische und lateinische Sprache und besaß ein ausgeprägtes Literatur- und Kunstverständnis. Die Ikonographie der Medaillen, wahrscheinlich auch der Bildprogramme in den Schlössern geht zum Gutteil auf ihn zurück. Wilhelm verwahrte sorgfältig alles schriftliche Material, das einer Geschichte Max Emanuels einmal die Grundlage geben könnte, und veröffentlichte auch selbst historische, genealogische und emblemkundliche Werke, so den »*Annus politicus*« (2 Bde., München 1731 und 1739). 1707 verfaßte er die scharf gegen die kaiserliche Seite polemisierende Schrift »*Crisis politico-christiana de statu moderni saeculi 1700*. Mit seinen politischen und künstlerischen Tätigkeiten erfüllte Wilhelm kongenial die Weisungen Max Emanuels, der sich stets die letzte Entscheidung vorbehielt. Wilhelm wurde, trotz seiner stramm kurbayerischen Gesinnung 1709 von Kaiser Joseph I. mit seinen drei Brüdern in den Adelsstand erhoben, wofür Bruder Egon Joseph verantwortlich gewesen sein dürfte, der als Erzieher der kurfürstlichen Söhne während der Exilszeit wirkte und dadurch in dauernden Kontakt mit dem Kaiserhof kam. Nach der Rückkehr aus dem Exil erhielt Wilhelm die Einkünfte aus der Grafschaft Haag und dem Gericht Kranzberg. In Schwabing konnte er sich einen beträchtlichen Grundbesitz zusammenkaufen. Hier ließ er sich von dem Unterhofbaumeister Johann Baptist Gunetzrhainer, dem Nachfolger Effners, ein Schlößchen im französischen Stil errichten, noch heute unter dem Namen Werneck-Schlößchen bekannt. Es lag in der Sichtachse des Nymphenburger Kanals und erhielt von Wilhelm den Namen »Suresnes«, eine Reminiszenz an die offenbar als recht glücklich empfundene Exilszeit mit seinem Herrn in Frankreich. Er nannte sich von jetzt an auch Herr auf Jarzt und Suresnes. Wilhelm, der in den 1730er Jahren in Vergessenheit geriet, hatte sich mit seinem Schwabinger Herrensitz übernommen, auch hierin das Vorbild seines Herrn getreulich nachahmend. Bei seinem Tod 1741 hinterließ er an Barmitteln 65 Gulden 36 Kreuzer, an Schulden 60759 Gulden 53 Kreuzer. Dank eines kurfürstlichen Gnadengeldes von 1000 Gulden im Jahr konnte die Witwe Suresnes vor der Zwangsversteigerung retten, mußte aber fast das ganze Inventar verkaufen. 1756 begann der Reigen der Besitzerwechsel, nicht weniger als 28, wobei das Schlößchen mehrfach vor dem Abbruch stand. 1969 kam es an die Katholische Akademie in Bayern und wurde wieder instandgesetzt.

»SOUVERÄNER FÜRST«

Bei seinem ersten Zusammentreffen mit Ludwig XIV. im November 1709 hatte der Kurfürst seinem Gastgeber eine Denkschrift überreicht, in der er um die vereinbarte Übertragung der souveränen Herrschaft über die Spanischen Niederlande durch Philipp V. bat. Er brauche sie, um durch einen Rechtstitel wieder eine fürstliche Identität zu erhalten und eine Manövriermasse bei den Friedensverhandlungen zu gewinnen, etwa als Tauschobjekt für die Rückgewinnung seiner Stammlande.

> *»Dies ist meine erste Absicht und meine Hauptsorge und wird es bleiben; meine Erblande [Bayern] ziehe ich allem anderen vor.«*
>
> *Max Emanuel an Theresia Kunigunde, Luxemburg, im August 1711*

Nach langem Sträuben gab der spanische König schließlich dem Druck Ludwig XIV. nach und verzichtete am 2. Januar 1712 zugunsten Max Emanuels auf die Niederlande. Max Emanuel konnte sich jetzt souveräner Herzog von Brabant, Limburg, Luxemburg und Geldern, Graf von Flandern, Hennegau und Namur, Markgraf von Mechelen nennen. Tatsächliche Macht übte er freilich nur in Namur, Charleroi, Luxemburg und Nieuwpourt aus, da sich der größte Teil der übereigneten Gebiete in der Gewalt der Alliierten befand. Seiner souveränen Herrschaft lag zwar eine von Philipp V. ausgestellte Urkunde zugrunde, die aber von der Gegenseite nicht anerkannt wurde, da für sie nur der habsburgische Prätendent Karl III. rechtmäßigen Anspruch auf das spanische Erbe und damit Verfügungsgewalt über die Niederlande hatte. Die Souveränitätsübertragung war für Max Emanuel nicht Endzweck, sondern Mittel zur Erreichung weitergehender Ziele. Er war schon im Juli 1711, noch bevor er die offizielle Überlassungsurkunde in Händen hielt feierlich in Namur eingezogen, wo ihn Joseph Clemens und eine begeisterte Bevölkerung empfingen.

> *»...denn von jeher war ihm sein Geburtsland gleichgültig, die Niederlande aber oder andere Staaten, die ihm eine Königskrone*

brächten, von höchster Wichtigkeit – eine Königskrone vermag in seinem Herzen jede andere Erwägung zu verdrängen.«

Kurfürst Joseph Clemens von Köln über seinen Bruder an den französischen Außenminister Jean Baptiste Colbert de Torcy, 9. Juli 1712

Die Beliebtheit, die der frischgebackene Fürst in Namur und Luxemburg genoß, scheint echt gewesen zu sein. Das lag teils am Charme, der Leutseligkeit und dem Elan des Kurfürsten, ganz wesentlich aber auch an der Aufwertung, welche diese Provinzorte als Residenz- und Regierungssitze erfuhren. Der neue Souverän kümmerte sich für einige Monate eifrig um die Verwaltung, leitete Reformen ein und entwickelte die gewohnten kulturellen Initiativen, alles, wie stets, durch fehlendes Geld behindert. Schon im August 1712 verließ Max Emanuel sein Herrschaftsgebiet – für immer, wie sich zeigen sollte. Die Anziehungskraft der französischen Metropole war zu groß.

DER KOMPROMISSFRIEDEN

Die Erlangung der souveränen Herrschaft begünstigte die Lage Max Emanuels. Weit wichtiger war aber, daß die übermächtige feindliche Allianz immer tiefere Risse zeigte, was eine Stärkung der französisch-spanischen und damit auch der bayerischen Position erhoffen ließ. Im Oktober 1710 wurde die (hinter Marlborough stehende) Regierung Godolphin gestürzt. Damit zeichnete sich ein Ausscheiden Englands aus der alliierten Front ab, hatte das Königreich doch seine wichtigsten Kriegsziele erreicht. Dies wurde vollends unvermeidlich, als am 17. April 1711 Kaiser Joseph I. starb. Da er keinen Sohn hinterließ, erbte sein einziger Bruder Karl sämtliche habsburgischen Territorien und Ansprüche und mußte zur Kaiserwahl antreten. Karl war bereits als »Karl III.« der habsburgische Prätendent für den spanischen Thron. Sollten die Alliierten seine Machtübernahme gegen Philipp V. durchsetzen, war die Vereinigung der österreichischen und spanischen Besitzungen in einer Hand unabwendbar, ein Ergebnis, das weder die Seemächte noch die Mehrheit der deutschen Reichsstände wollten. Anfang 1712 eröffnete man in Utrecht allgemeine Friedensverhandlungen, die am 11. April 1713 zu Friedensschlüssen zwischen den Seemächten, Preußen, Portugal, Savoyen, Frankreich und Spanien führten. Kaiser und Reich traten ihnen nicht bei, so daß der Krieg in reduzierter Form noch bis in den November 1713 weiterging, wobei die Franzosen nun allmählich die Oberhand gewannen.

Hauptergebnis des Friedens von Utrecht war die Teilung des spanischen Erbes. Philipp V. erhielt Spanien und den Kolonialbesitz, Savoyen bekam Sizilien samt Königskrone. Unklar blieb das Schicksal der niederländischen und italienischen Besitzungen Spaniens, die in den Verhandlungen großenteils den Habsburgern zugedacht worden waren, doch konnte wegen der Weigerung des Kaisers, dem Frieden beizutreten, keine gültige Regelung getroffen werden.

Unsicher waren die Zukunftsperspektiven Max Emanuels. Alle ihn betreffenden Punkte des Vertrags hatten nur provisorischen Charakter solange Kaiser und Reich den Krieg fortsetzten. Da Spanien bereits 1712 auf die Niederlande verzichtet, und sie an Max Emanuel abgetreten hatte, wurde Frankreich verpflichtet die ehemals spanischen Gebiete der Niederlande, die noch nicht in der Gewalt der Alliierten waren – also gerade diejenigen, in welchen Max Emanuel regierte – an Holland zu übergeben, das sie nach Besetzung der Barrierefestungen an das Haus Österreich weiterreichen sollte. Dem Kurfürsten wurde zugestanden, so lange im Besitz der Souveränität zu bleiben, bis er sein Stammland mit Ausnahme der Oberpfalz zurückerhalte, mit der neunten – statt der bisherigen fünften – Kur belehnt werde und als Ausgleich für diese Einbußen Sardinien einschließlich der Königskrone erhalte. Ferner wurde ihm eine Entschädigung zugesprochen für die Verluste, die durch die kaiserliche Besatzungspolitik in Bayern entstanden waren und deren Höhe von einem internationalen Schiedsgericht festzulegen war. Zur Durchführung der Utrechter Bestimmungen hatte Max Emanuel bereits am 8. Mai 1713 die Verzichtakte von Suresnes unterzeichnet. Er trat damit die Souveränität über die Niederlande an Ludwig XIV. ab (s. o.). Die Verzichterklärung von Suresnes bedeutete das Ende von Max Emanuels kurzer Existenz als souveräner Herrscher, wenn auch alles im Friedensvertrag festgelegt, erst in Kraft trete, wenn die Max Emanuel versprochenen Gegenleistungen des Kaisers erfolgt seien.

Nachdem im November endlich auch der Kaiser das Kämpfen eingestellt hatte und die einstigen Gegner Villars und Prinz Eugen in Rastatt die Verhandlungen aufnahmen, bearbeitete Max Emanuel den französischen König mit Nachbesserungswünschen und allerlei Tauschprojekten. Da eine attraktive, für alle Seiten akzeptable Alternative nicht zu finden war, lief alles auf die vollständige Restitution Max Emanuels einschließlich Oberpfalz und fünfter Kur, doch ohne Sardinien und Königskrone hinaus. Der am 6. März 1714 geschlossene Rastätter Frieden bestätigte im Wesentlichen die in Utrecht getroffenen Abmachungen. Für Max Emanuel, der zusammen mit seinem Bruder auch aus der Reichsacht zu entlassen war, bedeutete das ein Ergebnis ohne Gewinn und ohne Verlust. Ludwig XIV. versüßte seinem Verbündeten diese herbe Enttäuschung durch den Vertrag von Fontainebleau, in dem er enorme Subsidienzahlungen zusagte, für die Max Emanuel dank des nunmehrigen Friedens keine nennenswerten Gegenleistungen zu erbringen hatte.

»Frankreichs Friedensbedürfnis und die allzu große Eile Villars' haben verhindert, daß ich das, was ich mir für meine Satisfaktion erhofft hatte, und einen gewissen Schimmer von Größe und Glanz erhalte; doch bin ich mir sicher, daß ich das Wesentliche, meine vollständige Restitution, bekomme und daß die Entschädigungen, die mir Österreich versagt, vom König [Ludwig XIV.] in einer Weise ersetzt werden, daß ich zufrieden sein kann.«

Max Emanuel an Theresia Kunigunde, Paris 29. Dezember 1713

13 Resignation und neue Hoffnung

Die Friedensschlüsse von 1714 ließen kaum Zweifel, daß Kurbayern seine Rolle als bewegende Kraft im internationalen Mächtekonzert vorerst ausgespielt hatte. Was dem 52-jährigen Kurfürsten blieb, waren die vergleichsweise banalen Aufgaben als Herrscher eines Landes mittlerer Machtstellung, das zudem erschöpft und heruntergewirtschaftet war und nach dem Geschehenen von seinen Nachbarn mit Mißtrauen beobachtet wurde. Die Heimkehr würde daher schwerlich den Charakter haben, der Max Emanuel vorschwebte, als er sich auf sein großes Abenteuer einließ. Nicht als lorbeergeschmückter Held, als Eroberer neuer Besitzungen, als souveräner Fürst mit einer Königskrone konnte er in München einziehen, sondern als vielfach gescheiterter und gedemütigter Herausforderer, der für all die nervenaufreibenden Bemühungen eines zwölfjährigen Kämpfens und Feilschens, für all die Verluste und Opfer, die er seinem Volk zugemutet hatte, nicht mehr vorzuweisen hatte, als die Rückerstattung der Gebiete, Ämter und Würden, die er zu Beginn des Krieges unangefochten besessen hatte. Kein Wunder, daß es Max Emanuel mit seiner Heimkehr nicht allzu eilig hatte.

> *»Wenn es sich um die Frage handelt, mein altes Erbland auszutauschen oder zu verkaufen, so habe ich nie darauf gehört und werde nie darauf eingehen. So vorteilhaft oder groß andere Länder auch sein mögen, mein Vaterland schätze ich doch über alles. Die Sache sähe anders aus, wenn ich die Niederlande vollständig bekommen könnte. Von Seiten des pfälzischen Kurfürsten hat man Vorschläge in dieser Richtung an mich herangetragen. Ich habe aber erklärt, ich könne nur unter der Bedingung einwilligen, daß ich dabei Kurfürst und Herzog von Bayern bleibe, was für mich die Hauptsache ist.«*
>
> *Max Emanuel an Theresia Kunigunde, 11. Mai 1714*

Nach elfjähriger Trennung findet die Familie Max Emanuels wieder zusammen und kehrt aus dem Exil in das Stammland zurück. Kurfürst Karl Albrecht, der spätere Kaiser Karl VII., begrüßt den Vater mit Handkuß, links davon folgen seine Geschwister Philipp Moritz, Clemens August - späterer Kurfürst und Erzbischof von Köln –, Maria Anna Christina – die spätere Nonne Emanuela Theresa de corde Jesu –, Ferdinand Maria Innozens und Johann Theodor – späterer Fürstbischof von Regensburg und Freising.

Max Emanuel wird begleitet von Theresia Kunigunde, der die Verkörperungen der Städte München und Venedig folgen, in denen sie die Exilszeit verbracht hat. Links von Max Emanuel sehen wir Merkur, den Gott der Verträge, der auf Pax verweist, die aus der Hand der Justitia den Kurhut empfängt, um ihn dem durch die Friedensschlüsse rehabilitierten Kurfürsten zurückzugeben. Putten hängen daneben Girlanden und das kurbayerische Wappen an einer Eiche auf. Die Allegorie ist eine ebenso grandiose wie unverfrorene Sublimierung der Niederlage. Restitution und Rückkehr werden als Triumphe der Gerechtigkeit gefeiert, der Kurfürst erscheint als Friedensbringer und Ordnungsstifter. Von den Ursachen des freudigen Ereignisses, von den Opfern und verfehlten Zielen, ist auf dem Bild nicht die geringste Andeutung zu sehen.

Allegorie auf die Wiedervereinigung der kurfürstlichen Familie im April 1715. Joseph Vivien fertigte das riesige Ölgemälde (530x644 cm) zwischen 1715 und 1733.

Daß sich Max Emanuels Abreise von der Unterzeichnung des letzten Friedensschlusses in Rastatt im September 1714 bis Ende März 1715 verzögerte, hatte auch objektive Gründe. Wie gewöhnlich waren es vor allem finanzielle Probleme, die noch gelöst werden mußten. Goldgeschirr und Juwelen, die bei holländischen Geldgebern versetzt worden waren, mußten ausgelöst, zahlreiche Gläubiger in Frankreich und den Niederlanden befriedigt werden. Umgekehrt hatten der Kurfürst und seine Mitarbeiter sich zu bemühen, die von Frankreich und Spanien geschuldeten Subsidien- und Schadensersatzzahlungen einzutreiben, ohne welche die eigenen Verbindlichkeiten unmöglich beglichen werden konnten. Auch mußte der Abzug der kaiserlichen und pfälzischen Besatzungstruppen aus Bayern abgewartet werden, was sich monatelang hinzog.

Die übliche Behauptung, Max Emanuel sei ausgesprochen ungern in sein Stammland zurückgekehrt, ist übertrieben. Sie geht vor allem auf die heftige Kritik von Joseph Clemens an den Tauschprojekten seines Bruders zurück, doch war diese »mehr drastisch, als zutreffend«, wie Sigmund Riezler schreibt. In der Korrespondenz Max Emanuels finden sich zahlreiche Stellen, die hier zu einer gewissen Modifikation Anlaß geben.

Am 22. März 1715 nahm Max Emanuel unter vielen Umarmungen Abschied von Ludwig XIV., seinem unerschütterlich loyalen Gönner. Am 8. April kam es im Jagdschloß Lichtenberg am Lech zur Wiedervereinigung der kurfürstlichen Familie. Einen prunkvollen öffentlichen Einzug in München hielt der Kurfürst unter den gegebenen Umständen für unangebracht. Es gibt durchaus Hinweise auf Unmutsäußerungen gegen den zurückkehrenden Landesvater, das Bild prägten aber auch Demonstrationen von Loyalität und Erleichterung. In diskreter Würdigung der jüngsten Vergangenheit pries man vornehmlich die Standhaftigkeit des Helden in »utraque fortuna«, den Wechselfällen des Schicksals, als seine höchste Tugend.

SCHULDEN, SCHULDEN, SCHULDEN

Die neuen französischen Subsidien, die Max Emanuel aufgrund des Vertrags von Fontainebleau ab 1714 bezog, reichten, soweit sie überhaupt verfügbar wurden, gerade aus, um die im Exil gemachten Schulden zu begleichen. Bald nach der Rückkehr mußten im ausgezehrten Bayern energisch Steuern eingetrieben werden, zwar nicht in der Höhe, wie die Besatzungsmacht es getan hatte, aber drückend genug. Um dem stets drohenden Staatsbankrott zu entgehen – was Max Emanuel bis an sein Lebensende erstaunlicher Weise gelungen ist – erweiterte man traditionelle Einnahmequellen wie den Bieraufschlag um den »Kasernpfennig«. Ein Schritt in die Zukunft war die Herdstättenveranlagung von 1717, eine haushaltsgebundene Personensteuer. Jeder Haushalt (»Herdstätte«) hatte 15 Kreuzer (1 Kreuzer = 1/72 Gulden) zu zahlen, gleich ob es sich um Eigenbesitz oder gemieteten Wohnraum handelte. Man setzte sich dabei erstmals über die ständischen Privilegien hinweg – alle mußten zahlen, gleich ob Häusler, Bauer, Bürger, Geistlicher oder Adeliger, eine geradezu revolutionäre Neuerung, die natürlich auf heftigen Protest stieß. Es war ein Schritt weg vom Ständestaat hin zu einem einheitlichen Untertanenverband. Zugleich war es die erste direkte Steuer, die ohne landständische Bewilligung und Verwaltung unmittelbar von den kurfürstlichen Behörden erhoben wurde. Mit dem neu angelegten Herdstättenverzeichnis wurde die statistische Basis aktualisiert. Die so entstandenen Akten sind heute noch eine wichtige Quelle der Landesgeschichte. Man kam auf 354.183 Herdstätten. Zwar hatte der Staat im Gegenzug auf seinen Anteil an der Tabaksteuer verzichtet, doch war die neue Steuer ungleich lukrativer. Die Mehreinnahmen betrugen 137.311 Gulden 30 Kreuzer. Schon 1719 wurde die Herdstättenabgabe von 15 auf 30 Kreuzer erhöht.

Gleichwohl wurde der Schuldenberg nicht kleiner, im Gegenteil. Denn Max Emanuel dachte trotz gegenteiliger Beteuerungen und sporadisch auftretender guter Vorsätze nicht ernsthaft daran, seine Ausgabenfreudigkeit zu bremsen. Dafür gab es sogar stichhaltige politische Gründe, die wieder einmal im dynastischen Ehrgeiz wurzelten. Der Schlösserbau wurde nach der Rückkehr mit größerem Schwung denn je betrieben, wobei gewiß ein Nachholbedarf gegenüber der Exilzeit im Spiel war. Und der Kampf um Fürstbistümer für seine Söhne verursachte durch Bestechungs- und Repräsentationsausgaben gleichfalls gewaltige Ausgaben.

Alles in den Schatten stellte aber die prachtvolle habsburgische Hochzeit des Kurprinzen im Jahr 1722, mit der sich die Bayerischen Wittelsbacher als potentielle Kaisermacht zurückmeldeten. Sie kostete alles in allem 4 Millionen Gulden, das Steueraufkommen eines ganzen Jahres.

Sollte der Staatsbankrott verhindert werden, war eine einigende Zusammenarbeit mit den Ständen unvermeidlich, auch wenn das deren politisches Gewicht wieder stärkte. Nur sie konnten für Schuldenrückzahlung und Zinstilgung Bürgschaften geben, die von den Gläubigern akzeptiert wurden. Dafür stellten sie Forderungen. Vor allem mußte die finanzielle Situation überschaubarer werden. 1722 setzte der Landschaftsausschuß mit dem »Kameral-Status« erstmals eine Art Staatshaushalt durch. Dies führte im beiderseitigen Einvernehmen zum »Schuldenabledigungswerk«, das allerdings erst 1728, also nach Max Emanuels Tod, in feste Formen gebracht wurde. Die Konditionen schränkten das Finanzgebaren der Kurfürsten für den Rest des 18. Jahrhunderts stark ein. Es gelang auf diese Weise, Max Emanuels Schuldenberg, der bei seinem Tod die vielzitierten 26 Millionen Gulden betrug, zwar einzufrieren, aber nicht abzubauen. In der napoleonischen Zeit sollte sich der Betrag auf 200 Millionen Gulden im Jahr 1815 erhöhen, was Max Emanuels Zahlen geradezu harmlos erscheinen läßt. Doch prägt ein gravierender Unterschied das Urteil der Nachwelt: Max I. Joseph und Montgelas waren mit ihrer Politik einschließlich des Bündnisses mit Frankreich erfolgreich, während Max Emanuel gescheitert ist.

Noch während der Friedensverhandlungen hatten Ludwig XIV. und Max Emanuel am 20. Februar 1714 den schon öfter erwähnten Freundschaftsvertrag von Fontainebleau geschlossen, der 9 Jahre gelten sollte, tatsächlich aber die nächsten 30 Jahre die bayerische Außenpolitik bestimmte. Neben enormen Subsidienzahlungen wurde Bayern bei nur geringen Gegenleistungen Unterstützung zugesagt, wenn es sich entschließen sollte, sich auf eine Auseinandersetzung um das Erbe der Österreichischen Habsburger einzulassen. Frankreich wollte also trotz der Erfahrungen des Spanischen Erbfolgekriegs nicht auf den bayerischen Trumpf in der Reichspolitik verzichten. Mit gewissen Vorbehalten war es auch einverstanden, daß Max Emanuel gegenüber Habsburg vorerst eine versöhnliche Politik betrieb. Nach den Friedensschlüssen kam es zu mehreren Rochaden in der europäischen Mächtekonstellation, denen es Max Emanuel zu verdanken hatte, kurz vor seinem Tod 1726, noch einmal ein von beiden Seiten umworbener Bündnispartner zu sein. Kaiser Karl VI., dem der Besitz der einst Spanischen Niederlande zugefallen war, begann, ähnlich wie Max Emanuel in seiner Statthalterzeit, mit der Gründung der Ostende-Kompanie handelspolitische Initiativen zu ergreifen, die den Engländern und Holländern bedrohlich erschienen. Als er im April 1725 auch noch die Wiener Allianz mit Spanien schloß, kam es zu einer kriegsträchtigen Konfrontation. Um den spanisch-österreichischen Ambitionen zu begegnen, schlossen sich Frankreich, England-Hannover und Portugal im September 1725 zur Herrenhauser Allianz zusammen. Beide Seiten bemühten sich um den bayerischen Kurfürsten, worauf dieser einmal mehr mit sehr hochgespannten Bedingungen reagierte. Die Verhandlungen waren noch in der Schwebe, als Max Emanuel am 26. Februar 1726 vom Tod ereilt wurde.

Der Konflikt hatte auch einen dynastisch-wittelsbachischen Aspekt: König Friedrich Wilhelm I. von Preußen übte nämlich schon seit Jahren Druck auf den pfälzischen Kurfürsten Karl III. Philipp aus. Zum einen ging es um den seit über 100 Jahren schwebenden Jülich-Kleveschen Erbfolgestreit, den Preußen wieder aufnahm, um die Pfälzer vom Niederrhein zu vertreiben.

Zum anderen machte sich Friedrich Wilhelm I. zum Anwalt der bedrängten pfälzischen Protestanten gegen die Rekatholisierungspolitik Karl Philipps. Dieser suchte Anschluß bei seinen katholischen wittelsbachischen Verwandten in Bayern und griff das wiederholt angeregte Projekt einer gemeinsamen Politik der verschiedenen Zweige des Hauses Wittelsbach auf, womit er bei Max Emanuel ein offenes Ohr fand. Deutlich hatte der letzte Krieg demonstriert, daß der hausinterne Antagonismus die bayerischen wie die pfälzischen Ambitionen nur frustriert hatte. Max Emanuel arrangierte im Mai 1717 eine persönliche Zusammenkunft mit Karl III. Philipp an einem höchst symbolträchtigen Ort, nämlich Kloster Scheyern, der ältesten Grablege der Wittelsbacher, die ja ursprünglich Grafen von Scheyern gewesen waren, bevor sie sich im frühen 12. Jahrhundert nach der Burg Wittelsbach bei Aichach zu nennen begannen. Es bedurfte aber noch jahrelanger Verhandlungen, bis am 15. Mai 1724 die *Wittelsbacher Hausunion* zwischen den katholischen Angehörigen der Dynastie zustande kam. Sie wurde unterzeichnet von den Kurfürsten Max Emanuel von Bayern und Karl III. Philipp von der Pfalz, den jeweiligen Erbprinzen sowie den fürstlichen / kurfürstlichen Brüdern. Die Hausunion sollte der gegenseitigen Förderung der gesamtwittelsbachischen Interessen bei Heiratsbündnissen, Erbregelungen, Bischofswahlen, dem bisher heftig umstrittenen Reichsvikariat (Stellvertretung des Kaisers zwischen Tod des alten und der Krönung des neuen Kaisers), das nun von Bayern und Pfalz gemeinsam übernommen werden sollte, sowie der militärischen Zusammenarbeit dienen.

Indem vier der neun Kurfürsten Wittelsbacher waren, rückte die Wahl eines Kaisers aus diesem Haus in greifbare Nähe. Dies sollte allerdings bei der Wahl Kurfürst Karl Albrechts (Kaiser Karl VII.) 1742 nicht ausschlaggebend sein, da mangels eines männlichen Habsburgers seine Wahl einstimmig erfolgte. Große Bedeutung erlangte die Hausunion jedoch nach dem Tod des letzten Bayerischen Wittelsbachers Max III. Joseph 1777, indem sie den Übergang Bayerns an Kurfürst Karl Theodor von Pfalz-Neuburg-Sulzbach gegenüber habsburgischen Ansprüchen sicherte.

Die Tatsache, daß zwei der vier wittelsbachischen Kurfürsten den Kurhut dem Bischofsamt zu verdanken hatten, beweist die große Bedeutung der Reichskirchenpolitik für die Stellung des Hauses. Keine anderen politischen Bemühungen Max Emanuels waren von so durchgehendem Erfolg gekrönt wie die Etablierung von Mitgliedern des Hauses Bayern als Fürstbischöfe. Nachdem er schon 1688 seinem Bruder Joseph Clemens zum Kölner Bischofsstuhl verholfen hatte, sorgte Max Emanuel dafür, daß nach dessen Tod 1723 Clemens August, sein viertältester Sohn, die Nachfolge antrat. Clemens August, »Herr der Fünf Kirchen«, war zu diesem Zeitpunkt bereits Fürstbischof von Münster und Paderborn, später brachte er auch noch die Bischofssitze Hildesheim und Osnabrück an sich und wurde außerdem Hochmeister des Deutschen Ordens. Münster und Paderborn waren eigentlich von Max Emanuel seinem zweitältesten Sohn zugedacht. Doch Philipp Moritz, der sich verzweifelt gegen die ihm vom Vater aufoktroyierte geistliche Laufbahn gesträubt hatte, starb 1719 während eines Romaufenthalts. Der jüngste Sohn Johann Theodor wurde Fürstbischof von Regensburg, Freising und Lüttich.

Der biologische Preis der erfolgreichen Kirchenpolitik war, daß die Bayerischen Wittelsbacher zwei Generationen später ausstarben.

DES HABSBURGISCHEN ERBES ZWEITER TEIL

Seit dem Tod Kaiser Josephs I., 1711, beobachtete Max Emanuel das familiäre Geschehen im Hause Habsburg mit wachsender Spannung. Wie der spanische Zweig zuvor besaß auch der österreichische jetzt nur einen einzigen männlichen Vertreter, Kaiser Karl VI. Joseph I. hatte zwei Töchter hinterlassen, die nach Salischem Recht nicht erbfähig waren. Der Ehe Karls VI. entsprossen zwar vier Mädchen, aber kein Knabe. Sollte es dabei bleiben, dann war wieder mit einem dramatischen Erbfolgekonflikt zu rechnen. An ihm konnten sich die Bayerischen Wittelsbacher angesichts der vielfachen Verschwägerung mit dem Haus Habsburg kräftig beteiligen. Max Emanuel glaubte, aus alten Eheverträgen Ansprüche auf große Teile der Erblande konstruieren zu können. Die Chancen ließen sich aber noch wesentlich verbessern, wenn es gelang eine der Töchter Josephs I. mit dem Kurprinzen zu verheiraten. Die Aussicht auf das Erbe der Österreichischen Habsburger wurde so zur beherrschenden Vision Max Emanuels im letzten Regierungsjahrzehnt.

Da die bayerischen Absichten weder schwer zu erraten waren, noch angesichts der jüngsten Geschichte auf spontane Zustimmung Habsburgs stoßen würden, mußte Schritt für Schritt eine Aussöhnungspolitik eingeleitet werden. Gelegenheit bot der neue Türkenkrieg von 1714, der nahelegte, den Kaiser mit einem Kontingent zu unterstützen. Die kaiserliche Regierung akzeptierte die bayerische Hilfe nicht ohne Skepsis, doch zahlte sie sich militärisch aus, indem die von Alessandro Marchese Maffei befehligten kurfürstlichen Truppen unter den Augen Prinz Eugens den entscheidenden Angriff in der Entsatzschlacht von Belgrad am 16. August 1717 führten. Zwei Söhne Max Emanuels, Kurprinz Karl Albrecht und Prinz Ferdinand Maria Innozenz, nahmen an der Schlacht teil.

Die Annäherung der beiden Häuser, besonders von Prinz Eugen befürwortet, machte weitere Fortschritte. Am 17. August 1722 fand nach zähen Verhandlungen in Wien die Hochzeit Karl Albrechts mit Erzherzogin Maria Amalia, der jüngeren Tochter Josephs I., statt. Im Herbst inszenierte Max Emanuel in München und auf den umgebenden Schlössern Hochzeitsfeiern von imponierender Pracht. Die wenig erfreulichen finanziellen Folgen wurden schon erwähnt. Der Aufwand verdeutlicht die enorme Bedeutung, welche der Kurfürst dieser Verbindung beimaß, obwohl der Kaiser, wie 1685 Leopold I. bei der Verbindung Max Emanuels mit Maria Antonia, seine Tochter einen vollständigen Erbverzicht zu unterzeichnen nötigte. Den dürfte der Kurfürst, wie schon 1685, nicht allzu ernst genommen haben. Erschwerend kam jetzt allerdings hinzu, daß Karl VI. die Anerkennung der *Pragmatischen Sanktion* verlangte, die er 1713 zur Bewahrung des habsburgischen Besitzstands erlassen hatte. Diese bestimmte, daß die weibliche Erbfolge zuzulassen sei, nicht primär zugunsten der Töchter seines verstorbenen älteren Bruders, sondern der des regierenden Kaisers, also seiner eigenen ältesten Tochter Maria Theresia, im Todesfall ihrer Schwestern. Damit wurde es höchst unwahrscheinlich, daß Maria Amalia und ihr bayerischer Gemahl je zum Zug kommen. Zudem etablierte die Pragmatische Sanktion die habsburgischen Erblande, die bisher ein Konglomerat einzelner in Personalunion verbundener Länder waren, als unteilbaren, geschlossenen Herrschaftskomplex. Der Erbfall an die Töchter Josephs I. hätte eine Teilung notwendig gemacht, da die ältere Schwester Maria Amalias nicht übergangen werden konnte. Freilich war die Pragmatische Sanktion eine einseitige Erklärung Karls VI., die der Anerkennung sowohl durch die Stände der Erblande als auch durch die europäischen Mächte bedurfte. Diese zu erreichen, bildete die Haupttätigkeit der habsburgischen Diplomatie bis zum Tod des Kaisers 1740. Doch durfte Max Emanuel darauf vertrauen, daß derartige Abmachungen nur so viel wert waren, wie sie zum Zeitpunkt des Erbfalls im Einklang mit den Interessen der Unterzeichner und der aktuellen Mächtekonstellation standen. Nach den Erfahrungen des spanischen Präzedenzfalls war mit einer reibungslosen Umsetzung der Pragmatischen Sanktion schwerlich zu rechnen, was auf einen erneuten großen Erbfolgekrieg hinauslaufen mußte. Die Ereignisse des Jahres 1740 sollten diese Erwartung voll erfüllen unter bündnispolitischen Bedingungen, die ungleich günstiger waren als jene, unter denen Max Emanuel 1702 in den Spanischen Erbfolgekrieg eingetreten war.

Wenn es auch Karl Albrecht gelang, den wittelsbachischen Kaisertraum für drei Jahre zu verwirklichen, so sollte doch der katastrophal verlaufende Österreichische Erbfolgekrieg zum definitiven Ende der wittelsbachischen Großmachtambitionen führen. Warum dies so war, ist nicht mehr Thema dieses Buches.

14 Die letzten Dinge

Max Emanuel war ohne Zweifel ein religiös geprägter Mensch. Täglich wohnte er der Heiligen Messe bei, beichtete regelmäßig, nahm häufig an Prozessionen und Wallfahrten teil, bedachte Stiftungen. Das war keineswegs nur Theater, wenn es auch an Inszenierung nicht gefehlt hat. Der Widerspruch zu seinem Lebenswandel war dem Kurfürsten durchaus bewußt. Als in seinem 63. Lebensjahr ein schweres Magenleiden dem ansonsten kerngesunden, ja athletischen Max Emanuel immer stärker zusetzte, konzentrierte sich sein Denken auf den in nicht zu ferner Zukunft bevorstehenden Tod. Er gab der Reue über seine Verschwendungssucht, den Schäden, die er seinem Volk zugefügt hatte, seiner Ruhmessucht und seiner Eitelkeit und ganz besonders seinen ehelichen Verfehlungen Ausdruck. Im Nymphenburger Park ließ er ab 1725 Effner die Magdalenenklause errichten, die allerdings erst nach seinem Tod fertig wurde. Er erwog, hier seine letzten Tage als Eremit in Gebet und Buße zu verbringen, aber kaum so krass wie sein Urgroßvater, Herzog Wilhelm V., der härene Gewänder trug und sich geißelte. Die recht anspruchsvoll eingerichtete Magdalenenklause führte die Tradition der manieristischen neun Klausen fort, die Wilhelm V. in Schleißheim errichtet hatte, und nahm die romantischen Eremitagen und Kunstruinen des 18. Jahrhunderts vorweg. Noch an der Schwelle des Todes betätigte sich Max Emanuel noch einmal als Trendsetter.

Im Oktober 1725 brachte er Ratschläge an seinen Nachfolger zu Papier, die man als sein politisches Testament zu bezeichnen pflegt. Im Gegensatz zu den vergleichbaren Schriftstücken seines Großvaters Maximilian I. fehlt es hier weitgehend an Stellungnahmen zu Innen- und Finanzpolitik. Die ganzen Ausführungen konzentrieren sich auf Verschiebungen im europäischen Mächtekonzert, die sich Bayern zunutze machen muß, vor allem das überragende Ziel, die Beerbung der Österreichischen Habsburger und die Gewinnung der Kaiserkrone. Der Nachfolger sollte erreichen, was dem Vater vom Schicksal verwehrt war: Aufstieg des Hauses Bayern zu der ihm zustehenden Größe.

Max Emanuel verlobt sich der »Schönen Maria« von Wessobrunn. Kupferstich von Jacob Andreas Friedrich, Augsburg 1723.

Die Volksreligiosität mit Wallfahrten, frommen Stiftungen, Bruderschaften, Wundergeschichten stand im barocken Bayern in ihrem Zenit und wurde vom Herrscherhaus ostentativ geteilt, allen voran von Max Emanuel. Die Verehrung der »Maria der Schönen Liebe« war sehr jungen Datums. Sie setzte 1700 im Benediktinerkloster Wessobrunn ein und fand eine weit über Bayern hinausstrahlende Verbreitung. Max Emanuel stiftete 1723 für das wundertätige Bild eine Kapelle mit reich dekoriertem Altar, die aber der Säkularisation zum Opfer fallen sollte. Der Stich zeigt den Kurfürsten zu Füßen des Gnadenbildes, das unter einem mit dem kurbayerischen Wappen geschmückten Baldachin von Putten gehalten wird. Darunter entrollt ein Engel eine Ansicht des von Max Emanuel gestifteten Altars, rechts daneben hält ein Putto auf einem Kissen den Verlöbnisbrief des Kurfürsten. Die 1711 gegründete »Militia Wessofontana« war eine nach Hunderttausenden zählende Bruderschaft zur Unbefleckten Empfängnis. Das Motiv stellt elegant eine Synthese des Kriegshelden mit dem Marienverehrer dar.

Um den Jahreswechsel 1725/1726 nahmen die gesundheitlichen Probleme dramatisch zu. Die Krankheit äußerte sich in Magenschmerzen, Schluckbeschwerden, Sodbrennen, Brechanfällen und Brustkrämpfen. Es handelte sich eindeutig um die gastroösophageale Refluxkrankheit, die infolge Abflußbehinderung aus dem Magen oder Ausstülpung des Magens durch das Zwerchfell den Mageninhalt durch die Speiseröhre hochsteigen läßt. Alle Faschingsveranstaltungen wurden abgesagt, Ärzte, Geistliche, z. T. aus dem Ausland angereist, versammelten sich am Krankenlager, neben dem das Allerheiligste aufgestellt wurde. In Stadt und Land fanden Fürbitten statt. Ende Februar empfing Max Emanuel die Sterbesakramente, sprach unter vier Augen lange mit seiner Gemahlin, dann mit dem Kurprinzen. Am frühen Morgen des 26. Februar erlitt er einen Schlaganfall, der die linke Seite lähmte. Clemens August von Köln traf ein und fiel beim Anblick des Vaters, der kaum mehr sprechen konnte, in Ohnmacht. Am Abend desselben Tages erlag der 63-jährige Kurfürst seinem Leiden.

Entgegen der Tradition wurde seinem Wunsch gemäß der Leichnam weder geöffnet, noch einbalsamiert. Man bahrte den schwarz gekleideten Körper auf einem Paradebett in der Ritterstube der Residenz auf. Am 2. März wurde er in die Theatinerkirche, die Votivkirche seiner Geburt, überführt, eingesegnet und in der Gruft in einem schlichten Sarkophag beigesetzt. Nachdem Joseph Effner ein 26m hohes, im französischen Geschmack maßvoll dekoriertes Trauergerüst (»Castrum doloris«) in der Vierung der Kirche errichtet hatte, das von 1.200 Kerzen und Ampeln illuminiert wurde, konnten vom 12. bis 14. März die offiziellen kirchlichen Trauerfeiern stattfinden.

Max Emanuels einzige Tochter Maria Anna Carolina war vom Vater als Figur auf dem fürstlichen Heiratsmarkt einkalkuliert, wiewohl die Natur ihr eine schlechte Ausgangsposition gab. Infolge von Kinderkrankheiten war sie etwas verwachsen, war auf einem Auge blind und stand unter Verdacht, gebärunfähig zu sein. Maria Anna Carolina entwickelte eine starke Neigung für religiöse Übungen und für das Klosterleben. Ihr Entschluss, in das Münchener Angerkloster einzutreten, bewegte den Vater tief. Am 29. Oktober 1720 legte die Prinzessin die Profeß ab und nahm den Namen Emanuela Theresa vom Herzen Jesu an.

»Nicht ohne Tränen habe ich Ihren Brief gelesen und Ihr zärtliches Adieu. Ich bin vom Himmel nicht mit der glücklichen Fähigkeit gesegnet worden, mich so weit von den Überlegungen losreißen zu können, wie sie Menschen, die so sündig sind wie ich, nun einmal zu haben pflegen, um mich der Freude hinzugeben, eine Tochter zu haben, die gänzlich in Gott aufgeht und die Welt verachtet, da sie diese in all ihrer Falschheit und Flüchtigkeit erkannt hat. Meine väterliche Zärtlichkeit äußert sich nur darin, daß ich bedauere, sehen zu müssen, wie Sie meinen Hof, meinen Palast, verlassen und sich von mir trennen, um sich in einer Stätte einzuschließen, wo Sie nichts als Strenge und Einsamkeit erfahren werden statt eines angenehmen und süßen Lebens, das Sie Ihrer Stellung und Geburt gemäß mit Ihrer lieben Mutter, mit mir und mit Ihrer ganzen Familie hätten verbringen können, ohne damit Ihrer Frömmigkeit und Ihrer Hoffnung auf das Seelenheil Abbruch zu tun. Weit entfernt, mein liebes Kind, der kleinen Fehler zu gedenken, die Sie begangen haben könnten und derenthalben Ihr gutes Herz mich um Verzeihung bittet, will ich Ihnen sagen, daß ich die Arme ausgebreitet halte, um Sie zu umarmen, wenn Sie zurückkommen wollen. Von meiner Seite rufe ich kraft der Autorität, die Gott mir als Vater verleiht, seine unendliche Güte an, Ihnen beizustehen in Ihrem Vorhaben und Ihnen die Kraft zu geben, dieses durchzuhalten, so Sie weiterhin darin beharren wollen, womit ich meine väterlichen Wünsche und Segnungen verbinde, indem ich Ihnen, meine allerliebste Tochter, für welchem Stand auch immer Sie sich entscheiden mögen, die Versicherung gebe, Ihr guter und treuer Vater zu sein.«

Max Emanuel an seine Tochter Maria Anna Carolina, 22. Oktober 1719

15 Glanz und Zierde

»Eine Privatperson mag zwar mit ihren Mitteln haushalten, wie sie will und für gut befindet, aber ein Fürst ist verpflichtet, sich deren also zu gebrauchen, daß Er Sich und Seinen Fürstentümern einen Glanz und Zierde verschafft... Die Demut soll und kann bei Fürsten nicht stattfinden, maßen die Aufwendungen solcher öffentlichen Unkosten deroselben Herrlichkeit erheben und erhöhen.«

Franz Kaspar von Schmid, »Mundus Christiano Bavaro Politicus« (Kapitel »Anmerkungen von der Pracht, Magnifizenz und Herrlichkeit eines fürstlichen Hofs«), 1711

Nirgends verdichtet sich das theatralische Wesen der barocken Gesellschaft so sinnfällig, durchdringen sich Kunst und Ideologie, Vergnügen und Politik so vielschichtig wie in der fürstlichen Hofkultur. Und nirgends tritt uns heute noch diese vergangene Welt so unmittelbar und so mächtig, fast lebendig entgegen wie in den einstigen Bühnen des höfischen Lebens, in den Schlössern und Gärten, die uns die Herrscher des Barock hinterlassen haben.

Für niemanden gilt das mehr als für Max Emanuel, von dessen Wirken als Bauherr und Sammler noch heute die Schloßanlagen von Schleißheim und Nymphenburg samt den Parkschlössern Lustheim, Pagodenburg, Badenburg und Magdalenenklause, das Jagdschloß Fürstenried, die von ihm ausgebauten Räume des Schlosses Dachau, aber auch große Teile des Gemäldebestands der Alten Pinakothek zeugen.

Es war kein Zufall, daß der Glanz des bayerischen Hofes seinen Höhepunkt fand, als das Haus Wittelsbach mit den Habsburgern in Konkurrenz trat um die dominierende Stellung im Reich und in Europa. Selbst und gerade in Phasen der Niederlage und der totalen Verschuldung sah sich Max Emanuel veranlaßt, sein Prestige durch demonstrativen Aufwand zu stützen. Aber erst die heute verklungenen lebendigen Elemente des Zeremoniells und der Festkultur brachten den architektonischen und künstlerischen Rahmen zu dramatischer Wirkung, verstärkten den geradezu kultischen Charakter des Hoflebens und spiegelten den Rang des Fürsten und seines Staates.

Das Zeremoniell glich in Bayern, wie überall im Reich, dem Wiener Vorbild, das, wie seine spanische Variante, letztlich burgundischen Ursprungs war. Nach Max Emanuels Exiljahren im Umfeld von Versailles, Marly und Paris machten sich Anregungen aus Frankreich bemerkbar. Das Zeremoniell in Spanien, Österreich und Deutschland war exklusiver und gewährte weniger Zugang zur Privatsphäre des Herrschers als das in der italienischen und französischen Praxis der Fall war.

Die von Max Emanuel bevorzugten Landschlösser ließen allerdings mit Ausnahme des Neuen Schlosses Schleißheim, das als einziges von ihnen als Residenzschloß konzipiert war, die Abwicklung des offiziellen Zeremoniells gar nicht zu. Die Abfolge Hof – Treppenhaus – Appartement und innerhalb der Appartements die rangmäßig abgestufte Sequenz der einzelnen Räume bis hin zum Schlafzimmer fehlte. Das entsprach auch viel mehr dem locker-eleganten Stil Max Emanuels als ein gravitätisches Zeremoniell, Ein gutes Beispiel waren die allabendlichen Musik-, Tanz- und Spielvergnügen, die sogenannten Appartements oder Akademien, die sich an das sehr spät gereichte Abendessen anschlossen und sich bis weit in die Morgenstunden hinzogen. Schon beim Essen saß man »pêle-mêle«, in bunter Reihe ohne Rücksicht auf Rangunterschiede. Dabei wurden oft venezianische Kostüme mit Masken getragen, die mit ihrem Incognito die ungezwungene freie Begegnung begünstigten. Der Kurfürst liebte es, alle Damen an der Haupttafel um sich zu scharen, während die Herren an einer Nebentafel saßen.

Die wachsende Bedeutung des Hofes spiegelte sich in der Zahl des Personals. 1616 gehörten 750 Personen dem Hofstaat an, 1701 waren es ca. 1.000, 1732 schon 1.360. Dazu kamen die für die Jagd und andere Unternehmungen bereit gehaltenen Tiere, bis zu 1.500 Pferde und 2.000 Hunde. Der Hof war gerade unter Max Emanuel sehr mobil, da der Kurfürst, zumindest im Sommerhalbjahr, den Aufenthalt auf den Landschlössern dem Leben in der Hauptstadt entschieden vorzog. Wenn es auch um 1700 kurzfristig Pläne gab, neben dem Schleißheimer Neuen Schloß eine regelrechte Residenzstadt nach dem Muster von Versailles anzulegen, so ist es doch weder in Schleißheim noch in Nymphenburg je dazu gekommen. Die Behörden blieben in München, die dortige Residenz verlor ihre Vorrangstellung nicht.

In der gewaltigen Residenz seines Großvaters wurde Max Emanuel geboren und ist dort gestorben. Wie alle gewachsenen Residenzen bildete auch die Münchner Anlage ein Konglomerat verschiedener Zeitschichten. Mochte es auch dem Gestaltungswillen der lebenden Generationen Schranken setzen, entsprach das Erscheinungsbild mit seinem Nebeneinander der Epochen von der Gotik bis zum Barock doch dem Vermächtnis der Ahnen und der Macht der Tradition einer auf ihr hohes Alter pochenden Dynastie. Gerade Max Emanuel sollte immer wieder neben seiner Aufgeschlossenheit für die neuesten Tendenzen der Baukunst und der Ausstattung eine ausgesprochene Pietät für die architektonischen und künstlerischen Relikte aus den Zeiten seiner Ahnen, ganz besonders des von ihm bewunderten Großvaters haben.

Die 1619 im Wesentlichen abgeschlossenen Baumaßnahmen Maximilians I. stellten für fast zwei Jahrhunderte den endgültigen Gebäudebestand der Residenz dar. Die Maßnahmen Ferdinand Marias und Max Emanuels beschränkten sich weitgehend auf die innere Ausgestaltung, wobei ihren Leistungen wegen der Brände von 1674 und 1729 wenig Dauer beschieden war. Max Emanuel hatte gleich zu Beginn seiner Herrschaft die recht programmatisch, nach dem jugendlichen Heldenkönig der Antike benannten Alexanderzimmer und die Sommerzimmer eingerichtet.1693/1694 wurde ein »Holländisches« oder »Spiegelkabinett« eingerichtet, in dem die Freude an exotischer Importware, an asiatischen Porzellangefäßen und Lackarbeiten, »indianischen« Schnitzereien zum Ausdruck kam und 30 Jahre später in der Einrichtung der Pagodenburg und der Badenburg im Nymphenburger Park ihren Höhepunkt fand. Es schlugen sich da zweifellos Eindrücke von den Besuchen der Schlösser Wilhelms III. in Holland nieder, die neben dem venezianischen Vorbild zugleich auch Max Emanuels Leidenschaft für die Anlage von Kanälen stimuliert haben dürften. In Deutschland wurde der Kurfürst mit seinen Exotismen Trendsetter.

Mit der Errichtung von Schloß Lustheim ab 1684 und dem Ausbau des Schleißheimer Parks und seiner Kanäle verlagerte sich die Bautätigkeit schon bald auf die Landschlösser in der Peripherie Münchens, eine Schwerpunktsetzung, an der sich bis zum Tod des Kurfürsten nichts ändern sollte. Vor dem Spanischen Erbfolgekrieg kamen die Vorbilder vor allem aus Oberitalien und Rom, dann orientierte sich die kurfürstliche Baukunst am französischen Geschmack. In der bildenden Kunst etablierte sich ein gewisses Gleichgewicht zwischen Italienern, Franzosen und in Italien oder Frankreich ausgebildeten Landeskindern. Unter den älteren Meistern, deren Werke Max Emanuel sammelte, überwogen klar die Niederländer, war er doch während seiner langjährigen Aufenthalte in den Niederlanden an der Quelle gesessen. In der Musik dominierten bis zuletzt die Italiener, wenn sie auch zunehmend die französische Hofmusik rezipierten. Musik und Theater spielten in Gestalt von Opern, Balletten, Kammermusik, geistlicher Musik, von Komödie und Tragödie, Commedia dell'Arte eine allgegenwärtige Rolle. Wie in Architektur und Kunst nahm der Kurfürst mit geradezu professioneller Kennerschaft persönlich Anteil, gab Anregungen, veränderte Entwürfe, griff in Inszenierungen ein und spielte in Musik und Tanz auch eine aktive Rolle. Max Emanuel besaß ein großes Gespür für Talente, die er an seinen Hof zog, in vielen Fällen auch für ihre Ausbildung sorgte. Seine größte Entdeckung war François Cuvillés, der Hauptmeister der süddeutschen Rokokoarchitektur. Max Emanuel brachte ihn schon als Kind aus den Niederlanden mit und ließ ihn in München und Paris ausbilden. Zur vollen Entfaltung kam Cuvilliés Talent allerdings erst unter den Nachfolgern des Kurfürsten.

Im Rahmen dieses schöngeistigen Kapitels muß wieder das Thema der Finanzen angesprochen werden. Der größte Faktor waren die Kosten der Schloßbauten. Zwar weiß man heute über viele Einzelposten genauestens Bescheid, aber nicht über den Gesamtbetrag. Dafür hat schon Max Emanuel selbst gesorgt. Bereits die Vorgänger des Kurfürsten bemühten sich, niemandem vollständigen Einblick in die finanzielle Seite des Hoflebens zu gewähren. Die Verschleierungstaktik wurde von Max Emanuel mit Virtuosität betrieben. Man hat die Finanzmisere seiner Regierungszeit gerne auf Desinteresse des Kurfürsten an administrativen Fragen und die daraus resultierende Schlamperei zurückgeführt. Das ist nur teilrichtig. So haben die zuständigen Baubehörden mit größter Akribie auf genaue Buchführung geachtet und die Ausgaben streng kontrolliert, um Ineffizienz und Korruption zu vermeiden. Das Problem war nicht die mangelnde Genauigkeit der Akten, sondern ihre bewußt kalkulierte Unvollständigkeit. Die offiziell dokumentierten Ausgaben beschränkten sich weitgehend auf die Baumaßnahmen im engeren Sinn, sparten aber oftmals die extrem aufwendige Innenausstattung aus. Offensichtlich war es beabsichtigt, die offiziellen Kosten niemals die traditionelle Grenze von etwa 50.000 Gulden überschreiten zu lassen, was in heutiger Kaufkraft etwa 12 Millionen Euro entspricht. Die »Nebenkosten« konnten auf eine ähnliche Summe kommen, oft genug aber auch auf das Doppelte und mehr. Die zusätzlichen Mittel durfte der Kurfürst nicht öffentlichen, von der Landschaft genehmigten Geldtöpfen entnehmen, sondern mußte sie selbst beschaffen. Wichtigste Quelle hierfür waren die Subsidien, wenn sie auch eigentlich für militärische Zwecke gezahlt wurden. Die Umwidmung war durchaus nicht unüblich und bis zu einem gewissen Grad auch von den ausländischen Zahlmeistern einkalkuliert. Da die öffentlichen Mittel mit dem Militäretat und der Schuldentilgung, welch letztere gegen Ende der Regierungszeit allein um die 25% des Haushalts betrug, bereits so gut wie erschöpft waren, mußte der Kurfürst überwiegend auf die inoffiziellen Resourcen und schließlich auf die Schuldenmacherei ausweichen.

Die Baumaßnahmen, deren positive volkswirtschaftliche und technische innovative Seite dabei nicht übersehen werden sollte, waren der gewichtigste Sektor innerhalb der möglichen Aufwendungen. Daneben schlugen die Personalkosten kräftig zu Buche, die Tierhaltung, das Mäzenatentum, Theater und Musik, die großen Feste, die Feuerwerke, der Kanalbau und die auf den Kanälen eingesetzten Schiffe, der Kleider- und Schmuckluxus, die Spielschulden usw. Die Schwerpunkte, die Max Emanuel setzte, wenn er umständehalber der Bauleidenschaft nicht frönen konnte, zeigen seine Extra-Ausgaben während des Exils 1704–1714. Für Kleidung und andere Textilien wurde fast die Hälfte der Gesamtsumme ausgegeben, für Gemälde fast 22%: Das signalisiert, welcher Stellenwert der Repräsentation und dem damit verbundenen Prestige zukam. Durch Bauen und Sammeln wollte Max Emanuel Bleibendes für die Nachwelt hinterlassen, ein Ehrgeiz, von dem wir heute noch profitieren.

HENRICO ZUCCALLI (UM 1642–1724)

Die Bautätigkeit Max Emanuels wurde bis zu seiner Flucht 1704 von dem Hofbaumeister Henrico Zuccalli beherrscht. Dieser gehörte einer verzweigten Maurer- und Baumeisterfamilie aus Roveredo im Misoxtal (Valle Mesolcina) im italienischsprachigen Graubünden an, von der mehrere Mitglieder in bayerischen Diensten standen. Urkundlich läßt sich Henrico ab 1672 am bayerischen Hof nachweisen und hatte eine hochkarätige Lehr- und frühe Berufszeit hinter sich. Die erste Aufgabe Zuccallis in Bayern galt dem monumentalen Projekt des Kurfürstenpaars, über der Altöttinger Gnadenkapelle eine neue riesige Kirche zu errichten und den ganzen Kapellplatz umzugestalten. Die Anlage kam nie über die Fundamente hinaus. Gleichzeitig war Zuccalli in den 1670er Jahren mit der Vollendung der von Agostino Barelli begonnenen Theatinerkirche in München beschäftigt. Nachdem dieser nach diversen Intrigen 1675 in seine Heimat zurückgekehrt war, wurde Zuccalli schon bald in die Bauarbeiten verwickelt und ca. 1677 mit der Leitung betraut, vor allem der Errichtung der Kuppel. Nach seinem Regierungsantritt beauftragte Max Emanuel den Hofbaumeister mit den nach dem Brand von 1674 erforderlich gewordenen Wiederherstellungs- und Umbauarbeiten in der Münchner Residenz. Zuccallis Hauptleistung war die Neugestaltung der am Grottenhof gelegenen Trakte, in die er die Alexander- und Sommerzimmer einschließlich eines »Holländischen Kabinetts« einbaute. 1684 bis 1688 beschäftigte sich der Hofbaumeister mit der Errichtung eines Jagd- und Festschlosses in Schleißheim, das später den Namen Lustheim erhielt. Es war der erste wirklich eigenständige Bau, den Zuccalli für Max Emanuel errichtete, wobei dieser freilich verändernd in die Pläne seines Architekten eingriff. Das im oberitalienischen Stil gehaltene Schloß bildet eine wichtige Übergangsstufe von den Villen und Casinobauten der Renaissance und des Frühbarock zu den Lustschlößchen des Spätbarock und des Rokoko und weist zugleich, wenn auch in reduzierter Form, das Wesen eines fürstlichen Repräsentationsbaus auf. Ende der 1680er Jahre erbaute Zuccalli nördlich und südlich von Lustheim zwei Pavillons. Gleichzeitig arbeitete Zuccalli an der Anlage der Kanäle und eines ausgedehnten Gartens zwischen dem von Maximilian I. erbauten Alten Schloß Schleißheim und Lustheim. Vor allem aber hatte er im Lauf der 1690er Jahre ein gewaltiges Residenzschloß ostwärts vom Alten Schloss zu konzipieren und dafür legte er etwa 50 verschiedene Pläne vor, die alle nach Brüssel geschickt und Max Emanuel zur Begutachtung vorgelegt wurden. Zuccalli hielt sich zwischen 1693 und 1699 viermal in den Niederlanden auf, wo er Umbauten in der Brüsseler Residenz und in Schlössern der Umgebung vornahm und sich von berühmten holländischen Schloß- und Gartenanlagen wie Het Loo Anregungen holte. Nach Max Emanuels Rückkehr wurden zwischen 1701 und 1704 große Teile des Neuen Schlosses Schleißheim im Rohbau errichtet, wobei es wegen des Zeitdrucks zum Einsturz der Gartenfassade des *Corps de Logis* kam, was zu Umplanungen zwang. Ab 1701 arbeitete Zuccalli auch am Ausbau von Schloss Nymphenburg, das er um Seitenpavillons und verbindende Galerien verbreiterte.

Zuccalli erfuhr verschiedene Beförderungen und Ehrungen – 1689 kurfürstlicher Rat, 1695 Truchseß und Oberhofbaumeister. 1695 wird ein der Hofkammer unterstelltes Hofbauamt geschaffen, dessen Leitung 1695 bis 1704 in den Händen Zuccallis lag. Diese Personalunion von Oberarchitektenamt und administrativer Funktion hat sich aber auf Dauer nicht bewährt. Zuccalli arbeitete in den 1690er Jahren nicht nur für Max Emanuel, sondern plante auch für dessen Bruder Joseph Clemens den Neubau seines Bonner Residenzschlosses und für zahlreiche Angehörige des Münchner Hofadels Stadtpalais und Landschlösser in der Umgebung der Hauptstadt. Die Flucht Max Emanuels 1704 bedeutete für den Oberhofbaumeister einen bitteren Einschnitt.

Er wurde von der kaiserlichen Administration entlassen und mußte es erleben, daß sein Konkurrent Viscardi 1706 seinen Posten erhielt. Er verbrachte die langen Jahre bis zur Rückkehr des Kurfürsten im Benediktinerkloster Ettal und arbeitete in dieser Zeit für Kloster und Kirche ein Neubauprogramm aus, das aber zu seinen Lebzeiten nur teilweise realisiert und erst nach einem Brand im Jahr 1744 von Joseph Schmuzer fertiggestellt wurde. Max Emanuel setzte 1715 seinen alten Architekten wieder in Amt und Würden ein, doch die eigentliche Bauleitung ging in Nymphenburg, Schleißheim, Dachau und Fürstenried an den moderneren, in Frankreich ausgebildeten Joseph Effner über. Taktvoll erklärte der Kurfürst dem seinem 80. Geburtstag entgegengehenden Zuccalli, er wolle ihn keineswegs zurücksetzen, sondern Rücksicht nehmen auf sein hohes Alter. Das letzte Werk des Architekten waren Kloster und Kirche der Franziskaner nördlich von Schleißheim (heute »Mittenheim«). Die 1720 vollendete Kirche, ein Kuppelzentralbau, fiel der Säkularisation zum Opfer. Zuccalli starb 1724 in München.

JOSEPH EFFNER (1687–1745)

Joseph Effner löste am Ende der Exilszeit Henrico Zuccalli als den führenden Architekten am bayerischen Hof ab, zwar nicht im offiziellen Rang, doch in der tatsächlichen Bauleitung. Mit ihm setzte sich der französische Einfluß in Form des *Régence*-Stils durch, wenn der Kurfürst es auch für nötig hielt, ihn 1718 eine Italienreise unternehmen zu lassen. Effner kam aus einer seit Generationen in bayerischen Hofdiensten stehenden Gärtnerfamilie. Der 19-Jährige wurde 1706 von Max Emanuel nach Paris geschickt, um sich in der Gärtnerkunst fortzubilden, wollte aber alsbald ins Baumeisterfach überwechseln, was ihm vom Kurfürsten genehmigt wurde. Effner studierte in den Folgejahren an der von Robert de Cotte geleiteten Königlichen Architekturakademie in Paris, sein wichtigster Lehrer wurde der von Max Emanuel sehr geschätzte und mehrfach für Bauaufgaben herangezogene Germain Boffrand (1667–1754). Unter dessen Leitung arbeitete Effner an der Ausgestaltung von Max Emanuels letzter Exilsresidenz in Saint-Cloud. Noch vor der Rückkehr des Kurfürsten nach Bayern wurde Effner vorausgeschickt, um die Arbeiten an den Gärten in Schleißheim und Nymphenburg wieder in Gang zu setzen. Seine erste große Aufgabe wurde 1715/1716 der Umbau des Schlosses in seinem Geburtsort Dachau. Die Fertigstellung von Dachau überschnitt sich mit der Errichtung des neuen Jagdschlößchens Fürstenried südlich von München und der Wiederaufnahme der Aus- und Umgestaltung von Schloß Nymphenburg einschließlich der von ihm hinzugefügten seitlichen Marstall- und Orangeriegebäude und der sich anschließenden, nur teilweise realisierten Seitenhöfe. Die Einrichtung der Innenräume des Schlosses ist weitgehend sein Werk. 1716 nahm Effner in Nymphenburg auch den Gartenpavillon Pagodenburg nach persönlichen Planungsideen des Kurfürsten in Angriff, der 1719 eingeweiht werden konnte. 1718 absolvierte der Architekt – Effner legte Wert auf diese Berufsbezeichnung statt des mehr handwerklich wirkenden »Baumeisters« - eine kurze Studienreise nach Italien (Venedig, Rom, Neapel). 1718–1721 und 1725–1728 schlossen sich die Arbeiten an zwei weiteren Pavillons im Nymphenburger Garten an, der Badenburg und der erst nach Max Emanuels Tod vollendeten Magdalenenklause. Effner zeigte in diesen Pavillonbauten avantgardistische Stilrichtungen wie den fernöstlichen Exotismus der Pagodenburg und die neogotischen Tendenzen in der Magdalenenklause. In erster Linie war und blieb er aber ein Vertreter des Régence-Stils. Nach seinen Entwürfen führten Spezialisten wie der junge Stuckateur Johann Baptist Zimmermann und der Kistler Johann Adam Pichler ihre großartigen Dekorationen aus. Die Hauptaufgabe Effners in den letzten Jahren Max Emanuels war 1719 der weitere Ausbau des Neuen Schlosses Schleißheim, der in seinen Grundzügen von Zuccalli festgelegt worden war, der jedoch durch Effner außen wie innen das gestalterische Gepräge erhielt. Nach Max Emanuels Tod kam Effner vor allem noch bei der Ahnengalerie und einigen der Reichen Zimmer in der Münchner Residenz zum Einsatz, wurde aber bald von François de Cuvilliés in den Hintergrund gedrängt.

Laufbad der Badenburg im Schloßpark von Nymphenburg.

Die für Wohn-, Fest- und Badezwecke 1718-1724 von Joseph Effner erbaute Badenburg enthielt individuelle Baderäume, eine Heizanlage und ein großes, mit einer Bleischale abgedichtetes, mit Kacheln verkleidetes Gemeinschaftsbecken, das bis zu einer Höhe von 1,6 m mit Wasser gefüllt werden konnte. Max Emanuel war, wie sein Vater, ein ausgezeichneter Schwimmer, doch dienten solche Bäder mehr dem Herumspazieren und Spielen, um sich die zu Kurzwecken vorgesehene stundenlange Aufenthaltszeit zu vertreiben. Es kamen Warm- und Kaltbäder zur Anwendung. Die angebliche Unreinlichkeit und Wasserscheu der barocken Hofgesellschaft ist eine Legende.

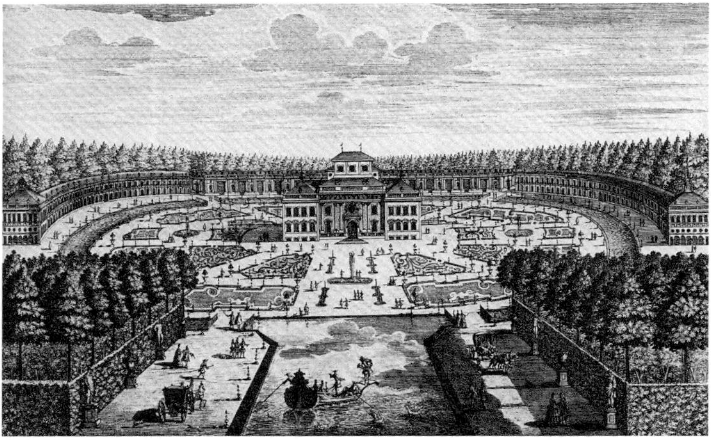

Ansicht des Schlosses Lustheim im Schloßpark von Schleißheim
Kupferstich von Johann August Corvinus nach Matthias Disel, um 1722.

Das Fest- und Jagdschloß »Lustheim« (der Name ist erst ab 1715 nachweisbar), das Enrico Zuccalli 1684-1686 im Stil oberitalienischer barocker Casinobauten errichtete und dessen Innenausstattung mit einer nördlich der Alpen ganz neuartigen Form der Deckenmalerei 1690 vollendet war, sollte zunächst vor allem die eheliche Verbindung mit dem Haus Habsburg feiern. 1690 empfing Max Emanuel seinen kaiserlichen Schwiegervater in Lustheim.

Disels Ansicht zeigt das Schloß inselartig vom Ringkanal umschlossen, dahinter halbkreisförmig umfangen von Zirkelbauten, welche die nördlich und südlich errichteten Pavillons miteinander verbanden, die den »Schönen Stall« (links) und die Renatusklause enthielten. Sie mußten schon bald wegen Baufälligkeit abgerissen werden, während die Pavillons erhalten blieben. Der Ringkanal wie auch der im Vordergrund zu sehende Mittelkanal waren zwar zu Max Emanuels Zeit bereits geplant, wurden aber erst in der 2. Hälfte des 18. Jahrhunderts realisiert. An Stelle des Mittelkanals befand sich eine Allee alter Lindenbäume, auf die Max Emanuel nicht verzichten wollte, da er in ihrem Schatten seinem geliebten Mailspiel frönen konnte, einer Variante des international beliebten golfähnlichen Passespiels, für die der Kurfürst persönlich ein Regelwerk verfaßt hat.

Ansicht des Neuen Schlosses Schleißheim von Osten (Gartenseite)

Kupferstich von Johann August Corvinus nach Matthias Disel. In Schleißheim konnte Max Emanuel im Gegensatz zu Nymphenburg an bereits vorhandene Anlagen anknüpfen, die auf seinen Urgroßvater Wilhelm V. zurückgingen. Maximilan I. baute ab 1616 das Herrenhaus im Stil einer oberitalienischen Villa Suburbana zum später so genannten Alten Schloß Schleißheim aus. Max Emanuel plante ein repräsentatives Residenzschloß. Es sollte den Anspruch der Bayerischen Wittelsbacher auf königlichen, ja kaiserlichen Rang verkünden. 1701 wurde der Grundstein gelegt. 1704 stand der von Enrico Zuccalli geplante Rohbau des Hauptgebäudes; dann ruhten die Arbeiten infolge des Exils Max Emanuels und wurden erst 1719 unter Leitung Joseph Effners wieder aufgenommen. Da Max Emanuels Nachfolger weitgehend das Interesse an Schleißheim verloren, wurde die grandiose, ursprüngliche Konzeption nie vollständig verwirklicht. Gleichzetig mit den Schloßbauten arbeitete Zuccalli an der Anlage eines ausgedehnten, von Kanälen durchzogenen Parks. Sie wurde ab 1717 von Dominique Girard im neuesten französischen Stil überarbeitet. Wegen der späteren Vernachlässigung Schleißheims blieb die Grundanlage erhalten, wenn sie auch verwilderte. Ludwig I. ließ sie ab 1840 wieder instandsetzen.

Der Stich zeigt im Vordergrund das Gartenparterre Girards mit seinen Rabatten und Wasserkünsten. Dahinter die Gartenfassade mit Seitengalerien und Seitenpavillons, fast 350 m breit. Es gibt kein eindringlicheres Zeugnis für Max Emanuels titanischen Willen zur Größe wie die immense Front seines unvollendeten Schleißheimer Schloßbaus.

16 Ein Schloß als Vermächtnis

»Von meinen beiden Lieblingsschlössern denke ich dem jetzigen Ausbaustand nach, daß Schleißheim eine gebaute Erinnerung für meine Nachselt sein wird [une mémoire en bâtiment pour ma pasterité], während Nymphenburg mit den Genuß all der Vergnügungen gewähren wird, die ein Landschloß bieten kann.«

Max Emanuel an Theresia Kunigunde,
Feldlager vor Augsburg, 5. Dezember 1703

Wenn das Neue Schloß Schleißheim auch ein Torso geblieben ist, so rühmt es doch vor allen Bauten Max Emanuels am reinsten und konsequentesten seinen Schöpfer als Fürst, Kriegsheld und Kunstmäzen. Das Herzstück des Neuen Schlosses, die Raumfolge Treppenhaus – Großer Saal – Viktoriensaal, bildet in virtuoser Steigerung und Lenkung der Eindrücke die Quintessenz der Selbstapotheose Max Emanuels. Es läßt sich kaum ein Ensemble vorstellen, mit dem uns ein Monarch noch heute überzeugender vorführt, wie er gesehen werden möchte. Dies leisten die Haupträume des Neuen Schlosses Schleißheim. Bereits das Treppenhaus weist deutlich auf den martialischen Charakter des Bauherrn hin. Die Stuckarbeiten Johann Baptist Zimmermanns zeigen Trophaen mit antiken und türkischen Waffen, Ruhmesgöttinnen flankieren das kurbayerische Wappen, das Deckenfresko in der Laterne von Cosmas Damian Asam stellt Venus und ihren Sohn Aeneas in der Schmiede des Vulkan dar. Die Deckengemälde Jacopo Amigonis in den beiden folgenden Sälen zeigen gleichfalls Szenen aus der Aeneis und ziehen eine Linie, die von Aeneas und Troja über Rom zu Max Emanuel führt. Wie Aeneas den Keim gelegt hat zur künftigen Größe Roms, so wollte Max Emanuel als Begründer des kommenden Glücks seiner Dynastie gesehen werden. Natürlich schwang hier eine gewisse Resignation mit: Wie Aeneas hatte es ihm das Schicksal verwehrt, die großen Zeiten selbst zu erleben. Wie der trojanische Königssohn hatte Max Emanuel die Bitternis der Niederlage kosten und aus seiner brennenden Heimat fliehen müssen.

Großer Saal und Viktoriensaal waren als Einheit konzipiert. Das zeigen nicht nur die Deckengemälde Amigonis sondern in noch höherem Maß die raumbeherrschenden Gemälde Franz Joachim Beichs, die den Türkenkriegen Max Emanuels gewidmet sind. Auf allen diesen Bildern wurde bewußt eine nüchtern-objektive Schilderung der Ereignisse ohne persönliche Heroisierung angestrebt; die Taten sollen für sich selbst sprechen.

Die Nordwand des Viktoriensaals mit dem Kamin bildet den Hauptblickpunkt der ganzen Raumfolge. Sie ist daher dem Gipfel der militärischen Karriere Max Emanuels gewidmet, dem Feldzug von 1688. Die beiden Schlachtengemälde Beichs »Der Übergang über die Save« und »Die Erstürmung von Belgrad« flankieren das zentrale Kaminstück Amigonis mit dem Porträt Max Emanuels im Gespräch mit einer türkischen Gesandtschaft vor Belgrad. Kein Bild wurde vom Kurfürsten so bewußt inszeniert wie dieses, auf das das Auge bereits trifft, wenn man, vom Treppenhaus kommend, durch den Großen Saal und die geöffneten Türen in den Viktoriensaal blickt. Als jugendlicher Oberbefehlshaber und Schwiegersohn des Kaisers im Zenit seiner Laufbahn, siegreich, versöhnungsbereit, in kultivierter Eleganz und mit souveräner Zuversicht in die Zukunft blikkend, die noch von keinen Rückschlägen und Enttäuschungen getrübt ist. Diese Darstellung dürfte dem Bild am nächsten kommen, das der »Blaue König« der Nachwelt von sich überliefern wollte(s. S. 188).

Der Große oder Weiße Saal im Neuen Schloß Schleißheim, Blick nach Norden.

Der Saal ist nach Entwürfen Joseph Effners von Johann Baptist Zimmermann mit Stuckarbeiten ausgeschmückt, darunter viele Trophäen. Über dem riesigen (510 x 960 cm) Schlachtenbild Franz Joachim Beichs aus den Jahren 1702-1704, das die Entsatzschlacht von Wien am 12. September 1683 zeigt, ist das kurbayerische Wappen angebracht, flankiert von trompetenblasenden Ruhmesgöttinnen. Unter dem Bild führt die Türe in den Viktoriensaal und lenkt den Blick dort auf Amigonis Portrait des Kurfürsten als Eroberer von Belgrad.

Speisesaal im Neuen Schloß Schleißheim, wegen der 10 Schlachtenbilder von Franz Joachim Beich als Viktoriensaal bezeichnet.

Neun der Bilder stellen Siege des Kurfürsten aus den Türkenfeldzügen der Jahre 1683-1688 dar. Über dem Kamin prangt das Gemälde »Max Emanuel empfängt eine türkische Gesandtschaft vor Belgrad« von Jacopo Amigoni. Dieser Künstler hat auch das Deckengemälde »Dido empfängt Aeneas« geschaffen sowie die Fresken in der oberen Wandzone, die Putten zeigen, die mit Waffen spielen und Schilde präsentieren, auf denen Buchstaben angebracht sind, die zusammen den Namen »Max Emanuel« ergeben.

Zwischen diesen Gemälden sehen wir vollplastische Stuckatlanten in Gestalt keulenbewehrter Herkulesfiguren, die von Charles Claude Debut stammen. Die prachtvollen Schnitzarbeiten der Vertäfelung sind ein Werk des Johann Adam Pichler. In den Wandschränken wurden türkische Trophäen aufbewahrt, die später einem Theaterbrand zum Opfer fielen.

Max Emanuel empfängt am 8. September 1688, zwei Tage nach der Eroberung Belgrads eine türkische Gesandtschaft / Gemälde von Jacopo Amigoni, München 1723 (Ausschnitt).

Das Bild hängt als zentraler Blickfang über dem Kamin des Viktoriensaals des Neuen Schlosses Schleißheim. Obwohl erst 35 Jahre nach dem Ereignis entstanden, projiziert der Künstler die Physiognomie und Kleidung der Dargestellten gewissenhaft auf das Jahr 1688 zurück, als Max Emanuel mit 25 Jahren zum ersten Mal das alleinige Oberkommando über die kaiserlichen Truppen führte. Die türkische Gesandtschaft bemühte sich damals um einen Friedensschluß, der allerdings erst elf Jahre später zustandekommen sollte.

Literaturverzeichnis

BACH, Utta, Die Gartenkultur am Münchner Hof unter Kurfürst Max Emanuel 1679–1726. Realisierung – Administration – Botanik (Diss), München 2007

ERICHSEN, Johannes/HEINEMANN, Katharina (Hg.), Brennpunkt Europas 1704. Die Schlacht von Höchstädt. The Battle of Blenheim (Katalog der Ausstellung im Schloß Höchstädt a. d. Donau), Sigmaringen 2004.

GLASER, Hubert (Hg.), Kurfürst Max Emanuel. Bayern und Europa um 1700, Bd. I Zur Geschichte und Kunstgeschichte der Max Emanuel-Zeit (Aufsatzband), Bd. II Katalog zur Ausstellung im Alten und Neuen Schloß Schleißheim, München 1976.

GÖTZ, Ernst/LANGER, Brigitte, Schloßanlage Schleißheim: Amtlicher Führer, München 2009.

HARTMANN, Peter Claus, Anleihen und Verpfändung des kurbayerischen Hauptschatzmeisters Bombarda in den Niederlanden für seinen Kurfürsten Max Emanuel von Bayern am Anfang des 18. Jahrhunderts, in: Oberbayerisches Archiv 90 (1968), 152–157.

HEYM, Sabine, Henrico Zucalli. Der kurbayerische Hofbaumeister, München, Zürich 1984.

HEYM, Sabine, Schloß Lustheim: Jagd- und Festbau des Kurfürsten Maximilian II. Emanuel von Bayern, in: Oberbayerisches Archiv 109/2 (1984), 7–125.

HOFFMANN, Anton, Das Heer des Blauen Königs, München 1910.

HÖRNER, Stephan/WERR, Sebastian (Hg.), Das Musikleben am Hof von Kurfürst Max Emanuel, Tutzing 2012.

HÜTTL, Ludwig, Max Emanuel. Der Blaue Kurfürst 1679 bis 1726. Eine politische Biographie, München 1976.

IIMHOF, Gabriele, Der Schleißheimer Schloßgarten des Kurfürsten Max Emanuel von Bayern. Zur Entwicklung der barocken Gartenkunst am Münchner Hof (Miscellanea Bavarica Monacensia 82), München 1979.

JUNKELMANN, Marcus, Kurfürst Max Emanuel von Bayern als Feldherr (Diss.), München 1979/2000.

JUNKELMANN, Marcus, Theatrum Belli. Die Schlacht von Höchstädt 1704 und die Schlösser von Schleißheim und Blenheim (= Arte et Marte. In Memoriam Hans Schmidt. Eine Gedächtnisschrift des Schülerkreises Bd. 1), Herzberg 2000.

JUNKELMANN, Marcus, Das greulichste Spectaculum. Die Schlacht bei bei Höchstädt 1704 (= Hefte zur Bayerischen Geschichte und Kultur 30), August 2004.

KIBY, Ulrika, Die Exotismen des Kurfürsten Max Emanuel in Nymphenburg. Eine kunst- und kulturhistorische Studie zum Phänomen von Chinoserie und Orientalismus in Bayern und Europa des 16. bis 18. Jahrhunderts; seine politische Relevanz, Hildesheim u. a. 1990.

KLINGENSMITH, Samuel John, The Utility of Splendor. Ceremony, Social Life and Architecture at the Court of Bavaria, 1600–1800, Chicago and London 1993.

KRAUS, Andreas, Bayern im Zeitalter des Absolutismus (1651–1745). Die Kurfürsten Ferdinand Maria, Max II. Emanuel und Karl Albrecht, in: SPINDLER/ KRAUS (Hg.), Handbuch der Bayersichen Geschichte, Bd. 2, 459–532.

KREMS, Bettina, Die Wittelsbacher und Europa: Kulturtransfer am frühneuzeitlichen Hof. Wien 2012.

KURZ, Heidrun, Barocke Prunk- und Lustschiffe am kurfürstlichen Hof zu München (= Miscellanea Bavarica Monacensia 163), München 1993.

LANGER, Brigitte, Nymphenburg. Schloss, Park und Burgen. Amtlicher Führer, München 2011.

LANGER, Brigitte, Kurfürst Max Emanuel von Bayern zum 350. Geburtstag (= Jahreskalender der Bayerischen Verwaltung der Staatlichen Schlösser, Gärten und Seen 2012), München 2012

LANGER, Brigitte (Hg.), Pracht und Zeremoniell – Die Möbel der Residenz München, München 2002.

PROBST, Christian, Lieber bayerisch sterben. Der Bayerische Volksaufstand der Jahre 1705 und 1706. München 1978.

RALL, Hans/HOJER, Gerhard, Kurfürst Max Emanuel der »Blaue König«, München 1979.

RIEZLER, Siegmund, Geschichte Bayerns, Bde. 7 und 8, Gotha 1913 und 1914.

SCHENNACH, Martin P./SCHOBER, Richard (Hg.), 1703. Der »Bayerische Rummel« in Tirol (= Veröffentlichungen des Tiroler Landesarchiv 10), Innsbruck 2005.

SCHMID, Alois (Hg.), Der bayerische Bauernaufstand von 1705/06 (= Zeitschrift für Bayerische Landesgeschichte 71/2), 2008.

SCHMIDT, Hans, Kurfürst Max Emanuel von Bayern und seine Historiker, in: Archiv für Kulturgeschichte 60 (1978), 141–186.

SCHRYVER, Reginald de, Max II. Emanuel von Bayern und das spanische Erbe: Die europäischen Ambitionen des Hauses Wittelsbach 1665–1715 (= Veröffentlichungen des Inst. für Europäische Geschichte Mainz 156), Mainz 1996.

STAATLICHE ARCHIVE BAYERNS 37, Kinderleben im Konzert der Mächte, Kurprinz Joseph Ferdinand Fürst von Asturien (1692–1699), eine Ausstellung des Bayerischen Hauptstaatarchiv, Kleine Ausstellung 37, München 2012.

STAUDINGER, Karl, Geschichte des Kurbayerischen Heeres unter Kurfürst Max II. Emanuel. 1680–1726 (= Bde. II, 1 und II: 2 der Geschichte des Bayerischen Heeres), München 1904–1905.

STRAUB, Eberhard, Repraesentatio Maiestatis oder churbayerische Freudenfeste. Die höfischen Feste in der Münchner Residenz vom 16. Bis zum Ende des 18. Jahrhunderts (= Miscellanea Bavarica Monacensia 14), München 1969.

TILLMANN, Max, Ein Frankreichbündnis der Kunst. Kurfürst Max Emanuel von Bayern als Auftraggeber und Sammler (= Passagen/Passages 25), Berlin, München 2009.

WERR, Sebastian, Politik mit sinnlichen Mitteln. Oper und Fest am Münchner Hof (1680–1745), Köln u. a. 2010.

Bildnachweis

Bayerische Staatsgemäldesammlungen, München: 19, 41, 159, 188
Bayer. Verwaltung der staatlichen Schlösser, Gärten und Seen, München: 54, 95, 125
Bayer. Staatsbibliothek, München: 122
Museum der Stadt Regensburg: 145
Staatliche Graphische Sammlung, München: 20/21
Stadtmuseum München: 35, 169
Wittelsbacher Ausgleichfonds: 81

Entnommen aus:
R. Heydenreuter, Tirol unter dem bayer. Löwen; Regensburg, 2008: 111
K. Deutsch u.a., Höfische Bäder in der Frühen Neuzeit, Berlin, 2017: 181
Hefte zur Bayer. Geschichte und Kultur (HdbG):
    Greulichstes Spectaculum, Band 30: 85, 93, 132
    Memento 1705, Band 32: 141
H. Rumschöttel (Hg.), Oberschleißheim, 2010: 186, 187
Kurfürst Max Emanuel, Bayern und Europa um 1700 Ausstellungskatalog, 1976
    Band II: 50, 69, 182, 183
J. Erichsen/K. Heinemann (Hg.), Die Schlacht von Höchstädt (Ausstellungkatalog), Ostfildern 2004: 115
Privat/Rückseite: J. Vivien (Werkstatt), Brustportrait Max Emanuels, um 1720 (Ausschnitt) nach dem Ganzfigurenportrait aus dem Jahre 1710, das den Kurfürsten als Sieger in der Schlacht am Berg Harsán (1687) zeigt, im Feldherrnharnisch, der im Krieg nicht mehr wirklich verwendet wurde. Er trägt den Orden vom Goldenen Vließ.

Bibliografische Information der Deutschen Nationalbibliothek
Die Deutsche Nationalbibliothek verzeichnet diese Publikation in der Deutschen Nationalbibliografie; detaillierte bibliografische Daten sind im Internet über http://dnb.dnb.de abrufbar.

ISBN 978-3-7917-2991-6

Reihen-/Umschlaggestaltung: Martin Veicht, Regensburg
Satz: Vollnhals Fotosatz, Neustadt a. d. Donau
Druck und Bindung: Friedrich Pustet, Regensburg
Printed in Germany 2018

Diese Publikation ist auch als Ebook erhältlich:
eISBN 978-3-7917-6144-2 (epub)

Weitere Publikationen aus unserem Programm
finden Sie auf www.verlag-pustet.de
Informationen und Bestellungen unter verlag@pustet.de